国語テストの〝答え方〟指導

～基本パターン学習で成績UP～

向山洋一 監修

遠藤真理子 著

学芸みらい社

GAKUGEI MIRAISHA

まえがき

私がテスト問題の答え方について意識するようになったのは、向山洋一氏（ＴＯＳＳ代表）から課題を与えられたことがきっかけである。

向山氏は次のように言われた。

> 国語科における発問のパターンはせいぜい十〜二十程であるから、テストの答え方の技術も教えることができるはずである。

そこで小学校で使われている市販の国語ワークテスト（各学年五、六社ずつ）を集め、問題文のパターンを私なりに分類する作業を行った。当時の分類は二十パターン、それを『教室ツーウェイ一九九三年一二月号』（明治図書）誌上で発表した。七年後、『向山型教え方教室二〇〇〇年一〇月号』（明治図書）誌上で再度発表の機会を頂き、ほぼ現在の一五パターンにまとめ直した。

私は、「テストの答え方の技術を教える」という明確な考えに衝撃を覚えた。

そもそもテストは、どのように答えるかも含めて学習者の理解度を見るものという考えがあった。「答え方の技術」とまではいかないまでも、授業の中では理由を聞かれたら「〜から」で答えるとか、穴埋め問題なら一つずつ代入して確かめればある程度答えは見つけられるとかいった程度のテクニックは教えていたつもりだったからである。

しかし、たくさんのテスト問題を比較するうちに、問いと答えが正対していないものや回りくどい問いが多数見つかり、子どもの理解度のせいにはできないのではないか、と問い方にも疑問を持つようになった。さらに、実際の授業においても、一つの答えを求めて発する教師の問いが何度も言い換えているうちに違う答えを求める問いに変化してしまう場面に出会うこともしばしばあり、答えを確定させるぶれない問いの大切さに気付いたのである。向山氏が「何度言っても同じ問いを発すること」と言っていた意味がよく分かった。

「成績を付けるためにある程度点数に差が出るテストが良い」という考えもあるようだが、それは全員に力を付けることができなかった結果とも言える。全員が満点を取れるような指導をすることこそが大事であり、そのために答えの探し方や問いに正対した答え方の技術を指導することが実は大事なのである。

本書では、第Ⅰ章ではテスト問題の疑問点を洗い出し、第Ⅱ章では実際のテスト問題の事例と答え方のポイントを示した。第Ⅲ章では授業ではどのような指導をしたら良いか、求める答えを導く発問はどうすべきかを示した。また、そのまま印刷してテストとしても使えるプリントを作成した。第Ⅳ章は向山洋一氏の驚愕のテスト問題と、発問作りの修行としての見開き二ページの教材文についての発問例を掲載した。第Ⅴ章は答え方指導とアクティブ・ラーニングの関連について触れた。

教師にとって、分かりやすい問いを発することができるようになるために。
子どもにとって、答えの探し方が分かり、正しい答え方ができるようになるために。
何より、言葉にこだわり、日本語の力が付いたと子どもも教師も実感できるようになるために。
本書が少しでもお役に立つならば、こんなに嬉しいことはない。

遠藤真理子

二〇一六(平成二八)年五月

目次

Ⅲ 国語テストを授業に入れて学力UP

★答えのさがし方、書き方の秘訣　答えのヒントは問題文に隠されている

▼答え方を身に付けるテスト問題

I　国語テスト問題を眺める

点数に差が出るケアレスミス誘発の落とし穴

ミス根絶はどこに気を付けさせるか

1　10点満点で、何点を付けますか？

四年生を担任し一番初めのテストとして、三年生の復習をした。教材文と問いは次のものである。

【教材文】『白いぼうし』（三年生教材）

> ちょっとの間、かたをすぼめてつっ立っていた松井さんは、何を思いついたのか、急いで車にもどりました。
> ……（略）……
> 松井さんは、その夏みかんに白いぼうしをかぶせると、飛ばないように、石でつばをおさえました。

【問い】

> 松井さんが「思いついた」ことを、夏みかん・白いぼうしという二つの言葉を使って書きましょう。

テストの解答はこれである。

夏みかんに白いぼうしをかぶせること。

我がクラスの子どもたちの代表的な解答は、次のようであった。

A　松井さんは、その夏みかんに白いぼうしをかぶせると、飛ばないように、石でつばをおさえました。
B　ちょうをにがしたかわりに、白いぼうしに夏みかんを入れた。
C　ちょうのかわりに夏みかんを入れること。
D　白いぼうしを夏みかんにかぶせること。
E　夏みかんに白いぼうしをかぶせようと思った。
F　もんしろちょうのかわりに、夏みかんを白いぼうしに入れよう。

割合でいうとAが一番多く、B、D、E、C、Fの順であった。

さて、これらの解答に10点満点で何点を付けるとよいのか。また、その根拠は何か。

まず言えることは、どの子どもも答えの書かれている部分については分かっている、ということだ。それなのに正しい答えが書けないのは、問いの文を正しく読み取る力が不足しているということなのである。さらに言えば、問いに対応した答え方を指導されていないことが読み取れる。

私は、A～Cが0点、D～Fが10点と採点した。

A～Fの六つは二つの種類に分けることができる。文末に注目する。

A とB は松井さんの行動が書いてある。問いはどうなっているか。

松井さんが「思いついた」こと

となっていて「松井さんがしたこと」を聞いているのではない。よってAとBは0点である。

ただし、授業の中で指導するのであれば、Aにマイナス10点、Bに0点を付けることになる。問いは「二つの言葉を使って」となっている。ということは二つの言葉＋α程度でまとめることを意図しているのである。一文を長々と書いてどこか当たるだろう的な解答は求めていないのである。

C～F は「思ったこと」が書かれているという点はクリアできている。だがCは「二つの言葉を使って」という条件を満たしていない。だから0点。

D は、文句なく10点。問いの条件を満たしており、解答と同じく文末が「こと」となっている。

E 、F については、授業で指導する場面であれば5点にするつもりであった。が、ここではできなかった。

2　テストの問いの不備を見抜く

なぜ5点にできなかったのかといえば、文末を「こと」にすることを要求しているにもかかわらず肝心の問いは、

松井さんが「思いついた」こと

であり、「思いついたこと」ではないからである。

この問いからすると、答えとして書くべきことは「思いついた」部分であるから、Fのように「もんしろちょうのかわりに、夏みかんを白いぼうしに入れよう。」と思った内容そのものを書いてもよいことになる。さらにEのように「夏みかんに白いぼうしをかぶせようと思った（と思いついた）。」式の答え方も間違いとは言えなくなってしまう。

このように考える子どももいると判断したため、ここではEやFの解答に対し10点を付けたのである。

もし、「こと」で終わる文を正答とするなら、問いは次のようになるだろう。

松井さんが「思いついたこと」を、夏みかん・白いぼうしという二つの言葉を使って書きましょう。

と、「　」の位置を変えるか、「　」を取って、

松井さんが思いついたことを、夏みかん・白いぼうしという二つの言葉を使って書きましょう。

としたほうがよいのである。

3　意外と多い、曖昧な問い

20パターンを発表したときに整理した、市販テスト問題の問いを再度見直した。

その中から気になる二つの「問い」と、それに対する子どもの解答例を示す。

《例Ⅰ》

【問い】権八は、藤六のことを、どのように言いましたか。

【子どもの答え】感心するように言った。

【テストが正解とする答え】お前は、気立てのええやつだなあ。

「どのように」というのは動詞に係る修飾語（副詞）である。副詞の部分を問うているのだから、「感心するように」

の方が文意からずれていない限り正しいといえる。これは明らかに問いが悪い。言った言葉そのものを答えさせるのであれば、「何と言いましたか」、あるいは、「言った言葉を書きなさい」とすべきなのである。とうてい×は付けられない。

《例2》

【問い】「指紋」とは、つめと反対側の指先にある、どんなもののことをいいますか。
【子どもの答え1】何十本もならんでいるもの。
【子どもの答え2】すじのようなもの。
【テストが正解とする答え】（何十本もならんでいる、）細いひふのすじ。

例1と同様に、「どんな」は名詞に係る修飾語（形容詞）である。形容詞の部分を問うているのであるから「何十本もならんでいるもの」という答えも出てくるだろう。また、「どんな〇〇」に対する答えは「こういう〇〇」で答えるのが基本であるから、答え方の基本を身に付けている子どもなら「すじ」でなく「すじのようなもの」という言い方になってしまうだろう。これでは、答えが不正解になってしまう。（「すじのようなもの」といえば、「すじではない」ことになってしまうからである。）

物そのものを答えさせるなら、「何ですか」と問うべきなのである。あるいは、「指紋について文中の言葉で説明しなさい」としてもよい。

このように、不備と思われる「問い」であっても、大方の子どもは正解を書くことができる。おそらくそれは、授業の中で教師が曖昧な問いを発し、その答え方に慣れているからでもあろう。だが、むしろ「問い」に忠実に答えようとした子どもが、「テストが正解としていない」答えを書いてしまう、ということがある。

授業の中で不備な「問い」を想定した答え方指導を行うことは難しい。そこで次のような対策をとる。

① テストを配布した時点で、不備な「問い」を子どもに修正させてテストをする。（事前の確認が必要。）

② テスト中に気付いた場合は、その時点で「指紋とは何かを答えます」等、指示をする。

③ 採点の時に気付いた場合は、《例1》なら正答とする、《例2》ならその問いに関しては全員を採点対象外とする。

そして、テスト会社に「問いの不備」について連絡することも大切である。

4　テスト問題としてよいのはどっち？

問い方にこだわるようになると、ちょっとした部分が気になるようになった。「そこまで考えなくてもいいじゃない」と思うかもしれない。しかし、日本語の使い方を正しく教えるべき国語の授業では、少なくとも意識はしなければならないと思う。

〈頭の体操問題〉

㋐、㋑の「問題文」のうち、どちらがテスト問題としてよいでしょうか。

《例1》選択肢に注目

㋐マンモスの話は、どんな事実を証明したものだといえますか。一つに○を付けなさい。

（　）マンモスが冷とう食品になるという事実。

（　）マンモスの肉がとてもうまいという事実。

（　）冷とう食品が長く保存できるという事実。

㋑動物質と植物質の物を用いた実験から、どんなことがわかりましたか。二つに○を付けなさい。

（　）植物質でなくても、このんで着物を作る。

（　）動物質や鉱物質では、着物は作らない。

（　）ほかになければ、動物質や鉱物質でも着物を作る。

（　）着物を作りたいという強い願いをもっている。


一見するとどちらもいいように思えるが……。

ポイントは選択肢の文末が、「問いと対応」しているかどうかである。

㋐は、文末がどれも「事実」となっており、「どんな事実」という問いに対応している。

㋑は、文末が動詞になっており、「どんなこと」という問いに対応していない。

よって、正解は㋐となる。

《例2》教材文の連や段落を記号で答える問題

㋐つぎのような表現をしているのは、どの連ですか。□に㋐〜㋓の記号を書きなさい。
　1　魚の動きと様子をえがいて、自分の喜びを表現している。………………□
　2　動きと気持ちを書いて、きんちょうした様子を表現している。…………□

㋑筆者が経験した事実を述べているのは、1〜6のどの段落ですか。あと二つ、答えなさい。

　1・□・□

このように記号を書く問題が出たとき、子どもたちはどのように答えるだろうか。

きっと㋐には、ア、イのように片仮名のみが書き込まれることだろう。だが、記号はア、イのように□が付いているのが正しい。子どもにしてみれば、解答欄が□になっているため記号の一部が既に書かれていると考えるのが自然である。が、これでは正しい記号の書き方は身に付かない。□が付いていようがいまいが、文字や数字だけを書くようになってしまう。

これに対し㋑には、正しい答えの書き方の例示が入っているため3、4のように□を付けた番号が書き込まれるだろう。自然と正しい答え方が身に付くようなテストを作成した筆者は素晴らしいと感じる。

よって、正解は㋑である。

《例3》解答欄の違いに注目

【教材文】

> レプトセファルスの体の中には、一日に一本ずつふえる、年輪のような輪のできる部分があります。その輪を数えれば、生まれてから何日たっているかを知ることができます。

㋐「その」のさすものを書きなさい。

（　　　　　）

㋑「その」のさすものを書きなさい。

何社かのワークテストを比べてみると、解答欄が（　）になっているものと、マス目になっているものがあること

に気付く。新学期、テストを採用する際によく耳にする会話として、「マス目のテストは簡単すぎる。（　）の方が自分で考えて書く力が付く」というものがある。

そうだろうか。

例えば㋐の解答として、次のような答えが考えられる。

Ａ　年輪のような

Ｂ　一日に一本ずつふえる、年輪のような

Ｃ　レプトセファルスの体の中にある、一日に一本ずつふえる、年輪のような

Ｄ　レプトセファルスの体の中にある

Ａは、この中では最も短い解答である。

Ｂは、Ａより少し詳しく述べた解答であり、ＣはＢよりさらに詳しく述べた解答である。

Ｄは間違いとは言い切れないが、具体的な答えではない。

そして子どもは、どこまで詳しく書くべきか戸惑う。戸惑ったあげく、面倒くさがり屋の子どもは一番短い部分のみを書くようになり、とにかく○をもらいたい子どもは「どこか当たるだろう」と、とりあえず長く書けばよいと考えるようになる。

これでも、実力が付くといえるだろうか。

テスト中、解答欄が（　）になっているテスト問題に対して次のような質問をした子どもがいた。

「どこまでくわしく書けばいいのか分からない。」

解答欄がマス目になっていれば、あるいは「一七文字で」というような字数指定があれば、先の子どもの疑問は生

まれないのである。

さらに、正確に書き写さなければマス目に合わないため、テストをしながら正しい答え方や注意力が身に付く。

そして、採点する教師も、楽である。

一石三鳥である。

よって、正解は㋑である。

入試などでは「〇〇という用語を使って50字以内で書きなさい」といった、字数を指定した問題が出題されている。解答欄もマス目となっていることが多い。このことを考えれば限定された字数で答える訓練はますます必要になってくる。

二〇年以上も前のテスト問題の中にも解答欄にマス目が多く使われていたり、字数指定がされていたりする問題が見受けられた。当時そのような意識で作られたテストがあったという事実に驚かされた。

5　ケアレスミスの多い問題

先生方は当然、テストをする前にテスト問題を確認することだろう。

・きちんと授業で指導した内容であるかどうか。

・そして子どもが引っかかりそうな問題はないか。

と。指導していない問題を見つけた場合は類題を出して練習するだろうし、間違えやすい問題ならテスト中に注意を与えたりするだろう。次に示すのは子どもたちが間違えやすい問題である。

子どもの答えに、どのような間違いが多いと思いますか。

《例1》
【教材文】

セミは、幼虫の時は長い間土の中にいて、成虫になると一週間ほどで死んでしまうといわれている。長い期間、地中で過ごすのはなぜだろうか。

【問い】問いかけの文を書き出しなさい。

「書き出しなさい」「どのように書いていますか」などは「書き抜き問題」である。一字一句を正確に引用しなければならない。よく見られる間違いは、漢字を平仮名にして書く、「、」が抜ける、ということである。知っているからといって平仮名を漢字に直すのも御法度である。
そのまま書き出すことは、国語のテストでは最も基本といえる。
もう一つ気を付けなければならないのは、「文」をきちんと抜き出せたか、である。文の途中から書き始めているというミスもよく見られる。どこからどこまでが「文」なのかを正しく理解させておく必要がある。

《例2》
【教材文】

最近は、ミンミンゼミやアブラゼミは二〜四年地中で過ごすことが分かってきた。地中にいる幼虫は、木の根の樹液をえさとしている。樹液の栄養が少なく、成長するまでの時間がかかる。それで、長い間地中にいるというわけだ。

【問い】セミの幼虫が長い間地中にいるのは、なぜですか。

「なぜですか」「わけを書きなさい」といった、理由を問う問題は多い。出題数が多いから間違いも多いといえるかもしれない。しかし、答え方を知れば、それほど難しいことではない。

「〜の時間がかかる」というような、文末が動詞で終わっている答え方ではなく、「〜の時間がかかるから」のように「なぜ」と聞かれたら、「から」と対応した答え方をするのが基本である。

《例3》

【問い】なかま外れの言葉に、それぞれ×を一つずつ付けなさい。

① 言う
- （　）さけぶ
- （　）どなる
- （　）あおぐ
- （　）わめく
- （　）よぶ

② 見る
- （　）みつめる
- （　）のぞく
- （　）にらむ
- （　）ながめる
- （　）みなぎる

最近は、いじめ問題が意識されるようになり、「なかま外れ」というようないじめを想起させる表現は使われなくなった。それはさておき、どんなミスが起きやすいのか。「○」を付ける間違いが起きやすい。

なぜ間違えやすいかといえば「×」を付けさせているからである。大抵は選択問題では「○」を書かせるようになっている。問いを読まなくても（　　）が並んでいるだけで選択問題か、順序を問う問題であることは想像が付く。そこが落とし穴である。

似たような理由で、「〇を二つ付けなさい」という問いも間違えやすいことは経験的にご存じと思う。何度注意を与えても一つしか〇を付けていない子が必ずいる（といっても過言ではない）。

漢字の読みの問題にも、ケアレスミスはある。読みが分かっていれば正しい答えを書けるだろうというのは少し甘いかもしれない。そそっかしい子どもによく見られる間違いがある。

《例4》

【問い】漢字の読みがなを書きなさい。

①　機械（　　　）　②　経験（　　　）

このような解答を見つけたときには、板書して、どこが違うか考えさせる。

「それ、変。」「書き方、おかしい。」と大笑いになる。書いた本人も悪びれず、「それ、俺。」なんて笑っている。

①　機械（きか　い）　②　経験（け　いけん）

このような書き方をする子どもがクラスに一人か二人はいるのではないだろうか。文字だけを見れば読めているとは思うのであるが（もしかしたら、本当に間違って覚えているかもしれないが）、この書き方では正しいとは言えない。

なぜなら、漢字一字一字に対応した読みは、①は「き　かい」、②は「けい　けん」だからである。

6　テストの答え方指導は、なぜ必要か

国語テスト一枚に、一つ一つこんなに細かく指導する必要があるのだろうかと疑問を持たれる方もあるだろう。だが、教員採用試験でも問題に対して正対して論じることのできる受験者は少ないという話を耳にした。

次の問題を例に考えてみる。

> 今の児童・生徒は、学習意欲やねばり強く課題に取り組む態度に個人差が広がっていると指摘されており、各学校では、学習意欲を高め、ねばり強く課題に取り組む態度を養うことができるよう、指導の改善・充実を図っています。
>
> ①　学習意欲やねばり強く課題に取り組む態度に個人差が広がっていることについて、児童・生徒の実態を踏まえて、あなたの考えを述べなさい。
>
> ②　①で述べた考えに立って、全ての児童・生徒が学習意欲を高め、ねばり強く課題に取り組む態度を養うことができるようにするために、あなたは、教師としてどのように実践していくか、志望する校種・教科等に即して具体的に述べなさい。
>
> （平成二三年度　東京都教員採用試験論文問題より）

①の問題。まず、「学習意欲やねばり強く課題に取り組む態度に個人差が広がっていることについて」という部分は、テレビや新聞などで取り上げられているような一般的な現象と原因などについて論じる部分である。

もう一つ、「児童・生徒の実態を踏まえて」という部分は、教育実習なり講師などの経験から見取った実態の中で関連のある部分について述べる、ということである。この二つの内容を関連づけて述べることが求められるのだが、どちらか一方しか述べていない論文が見られるということである。教師の採用試験でさえもこのようなミスが見られるのだそうだ。小学生の段階から問題に正対して答える習慣を身に付けることは、将来にも役立つのである。

Ⅱ 国語テスト問題は15パターン

正対するポイントは〝ここ〟

ご存じ？ 出題者が何を求めているか

1 国語のテスト問題の類型は15パターン

国語のテストの問いの類型は、大雑把にいって一五種類ある。

A 内容に関する問題

1 書き抜き問題

2 設定・名詞を問う問題　※発表当時は「設定を問う問題」としていた

3 述語「どうする」「どんなだ」を問う問題

4 「どんな○○」「どういう○○」「どのような○○」と問う問題

5 「どのように(して)」「どうやって」と問う問題

6 理由、目的を問う問題

7 要約する問題

8 文章構成に関する問題

B 文法・言語に関する問題

9 指示語の問題

15パターンというのは基本的には問いの類型であるが、一部答え方の類型が混じっている。

「1　書き抜き問題」は答え方であり、問いとしては「様子の分かる部分を書き抜きましょう」「気持ちの分かる文を書き出しましょう」など様々考えられる。

「11　書き直し問題」も、「二つの文を一文に書き直しましょう」「敬語を使った文に書き直しましょう」「○○で終わる文に書き直しましょう」「正しい漢字や記号を使って書き直しましょう」など、問いとしては様々ある。

これらの二つについては、問いの種類で細かく分類するよりも答え方の種類でまとめた方が分かりやすいと最終的に判断した。

2　正対するポイントは〝答え方の指示に従うこと〟国語のテスト問題は、問いと答え方の組み合わせ

授業で教師が問いを発するとき、大抵は作業指示までをセットで行うことが多い。二つを比べてみよう。

ア　主人公の行動についてあなたはどのように考えますか。ノートに書きなさい。
イ　主人公の行動についてあなたはどのように考えますか。考えのまとまった人から立って発表しなさい。

というようにである。アの場合「あなたはどのように考えますか。」は発問であり、「ノートに書きなさい。」が作業指示である。イの作業指示は「考えのまとまった人から立って発表しなさい。」となっている。発問は同じでも指示によって学習者の行動は違ってくる。

テストの場合も同じである。次の三つはどれも「主人公の気持ち」についての問いである。

ア　主人公の気持ちの分かる部分に――を引きましょう。

イ　主人公の気持ちの分かる一文を書きぬきましょう。

ウ　主人公の気持ちとしてよいもの一つに○を付けましょう。

アの場合は答えの部分に線を引く。イは一文をそのまま書き抜かなくてはならない。ウは選択肢の中から選んで○を付けるという答え方である。問いの内容としては同じでも答え方は違ってくる。

さらにもう一例。

「ありがつけるえきは、どんなえきですか。」という問いに対して、次のような三種類の解答欄があったとする。

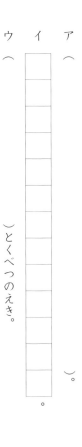

ア（　　　　　　　　　　　　　）。

イ　□□□□□□□□□□□□□。

ウ（　　　　　　）とくべつのえき。

アの解答欄なら、言葉による記述で答えることになる。イの解答欄なら字数が指定されていることが分かり、マス目に合う答えを探すことになる。ウは穴埋め式であり、書かれている言葉を手がかりに答えを探すことになる。文字としては書かれていないが、必然的に答え方は違ってくる。

つまり、ある問いに対して答えさせ方は複数ある、ということなのである。そして多くの子どもは答え（あるいは答えの書かれている場所）は分かっているのである。

従って正対するポイントは、この**答え方の指示に合っているかどうか**にかかっていると言ってよい。

3　15パターンの、問いの類型と出題者の意図

1　書き抜き問題

ここがポイント　問い方に慣れる
文を書き抜くか、部分を書き抜くか

(1)書き抜き問題の問い方

ア　〜を**書きぬき**なさい。
イ　〜を**書き出し**なさい。
ウ　〜を**書き写し**なさい。
エ　〜を**そのまま書き**なさい。
オ　〜を、**どう（どのように）書き表して（書いて）いますか**。
カ　〜を、**どう（どのように）表現して**いますか。

キ　～を、**どう（どのように）説明して**いますか。
ク　～が**わかるところを書き**ましょう。
ケ　～の様子は、**どこに表れて**いますか。

たくさんあって覚えるのが大変、と思うかもしれない。だが、ア～エは、そのままずばりの問い方であるし、オ～キのように「どう（どのように）」も書かれていることをそのまま示せばよいという意味であるし、クケの「わかるところ」「どこ」は書いてあるところを示せばよいという意味であるので、文言としてはどれも分かりやすい。まずは、これらの指示文に慣れることである。
そして、教材文に書かれている通り、句点などの記号に至るまで、正確に書き写さなければならない、ということである。

⑵一文を書くのか部分を書くのか
①「～の文を」に注目！
一文を書き抜く場合は、必ず問いの文の中に「～の文を」という言葉が書かれているはずである。先に示したア～ケの例でいえば、次のような問いになる。

ア～エ　～の**文を書きぬき（書き出し・書き写し・そのまま書き）**なさい。
オ～キ　～を、**どう（どのように）書いて（表現して）**いますか。その**文を**（さがして）書きなさい。
ク　～が**わかる文を書き**ましょう。
ケ　～の様子は、**どの文に表れて**いますか。

この場合は文の始めから終わりまでをきちんと書かなければならない。文の始めとは、「前の文の句点の次の文字」から「その文の句点」までである。「文」の意識については授業の中できっちりと指導しておきたい。

②「～の部分を」に注目！

問いの文の中に「～の部分を」という言葉が書かれていれば、文全体を書く必要はない。文の中の、該当する一部を書けばよいのである。先に示したア～ケの例でいえば、次のような問いになる。

ア～エ　～の**部分を書きぬき（書き出し・書き写し・そのまま書き）**なさい。
オ～キ　～を、**どう（どのように）書いて（表現して）**いますか。わかる**部分**を（さがして）書きなさい。
ク　～が**わかる部分を書き**ましょう。
ケ　～の様子は、**どの部分に表れて**いますか。

書き出すのは部分であっても、一字一句、そのまま書き写さなければならない。

③「～の文を」と書かれていなければ、「部分」である！

問いの文に「～の文を」「～の部分を」と書かれていなければ、該当する部分を書けばよい。（たまたまそれが文になることはあるかもしれない。）

ア～エ　～を**書きぬき（書き出し・書き写し・そのまま書き）**なさい。
オ～キ　～を、**どう（どのように）書いて（表現して）**いますか。
ク　～が**わかるところを書き**ましょう。

ケ　〜の様子は、**どこに表れて**いますか。
コ　文の中から**ぬき出して**書きなさい。

④文より部分が難しい！
一般的には「部分」は「文」より短い。が、「文」なら始まりも終わりも分かるが「部分」はどこからどこまでを書くのか自分で判断しなければならない。さらに、まれに二文、三文であったり、文の途中から次の文の途中まで、ということもあり得るからである。

(3)字数の指定がある問題

ア　〜のことが分かる、**三字の言葉**を書き出しなさい。
イ　話の内容がとちゅうから変わります。**変わり始めの四字**を書きなさい。

①「**何文字で**」は字数指定
指定された文字数で答える問題である。ただし、問題文には「何字で書きなさい」と書かれていなくても、解答欄が五マスになっていれば五字で答えなければならない。

②「**何文字以内で**」は字数制限
「何文字以内で」と書かれていたら、字数制限の問題である。その文字数以下で答えなければならない。ただし、いくら制限字数以内であっても、マスが余り過ぎるのはよくない。できる限りマスが余らないように答えるのがコツである。

③**記号も字数に含める**

①、②とも「句読点は含めない」というような断わり書きがない限りは、句読点やかぎ等の記号も一字分として数える。

2　設定・名詞を問う問題

ここがポイント　名詞で答える

問いの種類としては三つあるが、ここでは二つについて述べる。

(1)設定を問う問題

①このお話は、いつのことを書いたお話ですか。
②あつめたものを、どこにはこびますか。
③「ふたり」とは、だれとだれですか。
④おかあさんの「大すきなもの」とは、何ですか。
⑤子ぎつねたちがおいかけたものをじゅんに三つ書きなさい。

これらの例が、どれも設定についての問いであることはすぐに気付かれるであろう。

いつ	↓	時刻・日付・季節・年代など
どこ	↓	場所・部位・方角など
だれ	↓	登場人物・主人公など
何・もの	↓	物・事柄など

時刻・季節・場所・登場人物などを表す言葉はすべて名詞であることから、答えも当然名詞となる。つまり、4W（いつ＝WHEN、どこ＝WHERE、だれ＝WHO、何＝WHAT）の問いには名詞で答える、ということになる。

⑵名詞を問う問題

【教材文】

これら以上に大事なのは、のどのおくに生えているせん毛です。せん毛は、鼻や口から入ってきた微生物を、外へ外へとおし出す役目をしているからです。

【問い】せん毛の**役目**を書きなさい。

《答え》鼻や口から入ってきた微生物を、外へ外へとおし出す役目。

もう一つ、「水のかたまり」という雪のせいしつを利用した、雪ダムの計画も進んでいます。

【問い】雪の**せいしつ**を書きなさい。

《答え》「水のかたまり」というせいしつ。

この道具には、てこの原理が利用されていること、石に目立てがほどこされていること、粉が外に出てくるように工夫されていることなど、画期的な改良が加えられている。

【問い】**改良点**を三つ書きなさい。

《答え》てこの原理が利用されていること（点）。
石に目立てがほどこされていること（点）。
粉が外に出てくるように工夫されていること（点）。

これらは設定を問う発問ではないが、名詞（体言止め）で答えなければならない。なぜなら、「役目」「せいしつ」「改良点」という言葉はどれも名詞であるからだ。

「役目」「せいしつ」のように、問いに使われている言葉が文中にある場合は、その言葉を文末にして体言止めにすればよいので比較的答えやすいが、「改良点」のように文中にない言葉で問われている場合は、難しい。

文中の言葉をそのまま使って文末を「こと」にするか、あるいは問いの文に対応させて文末を「点」にするかの二種類が考えられる。ただ、実際に指導してみると、問いと同じ文末にした方が子どもたちは答えやすいようである。

このように、問われているものが名詞である場合は、答えも名詞（体言止め）にするのである。

3　述語「どうする」「どんなだ」を問う問題

ここがポイント　動詞（基本は常体）で答える

【教材文】

> 兵十は立ち上がって、なやにかけてある火なわじゅうを取って、火薬をつめました。そして、足音をしのばせて近よって、今、戸口を出ようとするごんを、ドンとうちました。

【問い】足音をしのばせて近よった兵十は、ごんを、どうしましたか。

《答え》ドンとうった。

「ドンとうちました。」も正答。そのまま書き抜く練習をしているクラスでは、こちらの答えの方が多いだろう。ただし、これは書き抜き問題ではない。「書きぬきましょう」などの指示ではないからである。一般的には文末を常体（だ・である調）にして答える。

> 水にういているあめんぼを見ると、あしのま

【問い】あめんぼのまわりの水面は、どうなっていますか。

わりの水面が少しへこんでいます。

《答え》少しへこんでいる。

「少しへこんでいます。」は正答。一般的には常体で答える。しかし、「少しへこむ。」「少しへこんでいた。」は不正解。「へこんでいる」というのは、今現在へこんでいるという状態を表しているが、「へこむ」では今まで平らであったものが変化するという意味になってしまうし、「へこんでいた」は過去形であるから今はへこんでいないかもしれないということになってしまう。

わずかではあっても意味を変えてはいけない。また過去形なら過去形、現在形なら現在形で答えなければならない。

では、次の問いにはどう答えたらよいだろうか。

「最初だけ、ちょっとおしてくれませんか。」
クジラがぼくにたのんだ。
「いいとも。」
ぼくは、クジラの後ろに回って、そりをおすようにクジラの尾びれをおしだした。

【問い】ぼくは、クジラにたのまれて、どんなことをしましたか。

《答え》(そりをおすように)クジラの尾びれをおしだした。

これに対し「クジラの尾びれをおしだすこと。」と答えた子どもがいた。どのように採点するか。

これは、子どもの方が問いに正対しているといわざるを得ない。解答の答えを引き出そうとするなら問いは「ぼくは、クジラにたのまれて、どうしましたか。」とすべきなのである。よって正答として点を付けるべきである。

テスト問題の中にはこのように回りくどい問いが案外多い。発問としては極力避けたい言い方ではあるが、実際に使われることが多いことを考えると、「どんなことをしました(します)か。」「何をしました(します)か。」という問いかけは「どうしました（します）か。」の変形として指導しておいた方がよい。

4　最も多い問いの形「どんな○○」「どういう○○」

ここがポイント　形容詞の部分を答える

実は「どんな○○」「どういう○○」という問いは、国語テスト問題の中で最も多く出てくる問いである。「どんな」は名詞に係る言葉であり、答えは「形容詞」「名詞を修飾する部分」となるべきである。

よって、「どんな○○」と問われたら「こういう○○」で答えるのが基本である。しかし、テストを見ると、解答では副詞部分や動詞、名詞そのものを答えさせる場面で「どんな」という問いがたくさん出されているのである。

次に示すのは、かつて六年生の国語の教科書に掲載された『赤い実はじけた』のテストの問いである。十問中七問が、「どんな○○」の問いである。そのうちの四問は「どんな○○」でなく、別の問い方をした方がすっきりすると思われる。どの問いをどのように変えたらよいだろうか。

◆文を読んで問題に答えましょう。

哲夫はきびきびとさしみを包んでいく。

「アジのたたき、おまけな。食べてくれよ。」

哲夫は自慢そうに、アジのたたきも包んでくれた。

「今はサヨリもうまいぞ。もう少ししたらカツオだな。」

「くわしいのね。」

魚を受け取り、代金をはらいながら、綾子は初め

1　哲夫は、どんな様子で、さしみを包んでいきましたか。
（　　　　　　　）

2　綾子が哲夫のことを見直し始めたことは、綾子のどんな言葉と動作から分かりますか。
言葉……（　　　　　　　）
動作……（　　　　　　　）

て哲夫を正面から見た。

「おれ、魚好きだからな。」

哲夫の目はきらきら光っている。

「食っちゃうなんてかわいそうな気もするけど、どうせなら、おれはこんなにうまいんだぞって、魚にいばらせてやれるような、日本一の魚屋になりたいんだ。」

そのときだ。綾子の胸が急に苦しくなってきて、特大のパチンが来たのは――。

綾子は胸元をおさえると、さよならも言わずにかけだしていた。

「魚進」で買ったおさしみに、お父さんはとても満足したようだ。

「今日のは、特にうまかった気がするよ。」

「そうでしょう。このアジのたたき、わたしの友達が作ったんだって。」

綾子は、自分の声が大きくなっているのを感じた。

「そういえば、『魚進』のむすこさん、綾子と同級生だったわね。このごろ、もう一人前にお店を手伝っているのよ。」

お母さんがそう言ったので、綾子はなんだか、耳の辺りがかゆくなってきた。うれしいような、はずかしいような――。

「赤い実はじけた」（名木田恵子）より

3 魚のことを話す哲夫は、どんな目をしていましたか。
（　　　）

4 ――の言葉から、魚屋という仕事に対する哲夫のどんな気持ちが分かりますか。一つに○をつけなさい。
（　）あまり好きではない気持ち。

（　）ほこりに思う気持ち。

（　）ほかの仕事もしてみたいという気持ち。

5 哲夫は、どんな魚屋になりたいと思っていますか。
（　　　）

6 ――の哲夫の言葉を聞いたとき、綾子は、どうなりましたか。
（　　　）

7 綾子は、なぜ、さよならも言わずにかけだしたのですか。
（　　　）

8 綾子が、哲夫をほこりに思う気持ちに気づいたことは、どの文から分かりますか。
（　　　）

9 お母さんの言葉を聞いて、耳の辺りがかゆくなった綾子は、どんな気持ちだったのでしょうか。
（　　　）

テストの解答は、次のようになっている。（「どんな○○」の問いのみ）

1　きびきびと。

2　言葉……「くわしいのね。」（「　」はなくても正答）　動作……初めて哲夫を正面から見た。

3　きらきら光っている。

4　（○）ほこりに思う気持ち。

5　日本一の魚屋。

9　うれしいような、はずかしいような気持ち。

解答から、問いの文を検証してみよう。

1　哲夫は、**どんな様子**で、さしみを包んでいきましたか。

「どんな様子で」と問われているのだから、「きびきびとした**様子**。」と答えるべきである。おそらく問題作成者は、修飾語の部分（副詞部分）のみを答えさせたかったのであろう。このように答え方が複数に分かれるのは、指示が回りくどいために起こるのである。もし、「きびきびと。」と答えさせたいのであれば、問いを次のようにすべきである。

哲夫は、どのように、さしみを包んでいきましたか。

2　綾子が哲夫のことを見直し始めたことは、綾子の**どんな言葉**と**動作**から分かりますか。

ここには二つの問いがある。「どんな言葉」と「どんな動作」である。本来なら答えも、

「くわしいのね。」という**言葉**。

初めて哲夫を正面から見た**動作**。

となるはずである。ただ、解答欄が「言葉……」「動作……」となっているため、「言葉」「動作」のみを書けばよいという指示にもとれる。

問いは、次のように改めるとすっきりする。

綾子が哲夫のことを見直し始めたことが分かる、**言葉**と**動作**を書きなさい。

[3] 魚のことを話す哲夫は、**どんな目**をしていましたか。

「きらきら光っている。」は本来は間違いとはいいがたいが、「きらきら光っている**目**。」と答えさせたい。先に「どんな」は名詞に係る言葉であり、答えは「形容詞」「名詞を修飾する部分」となると述べた。純粋に「形容詞」や「名詞を修飾する部分」だけを答えたと考えれば、「きらきら光っている」でも正しい。しかし、品詞が「動詞」のように見え、「形容詞」と分かりにくい。問いと対応した答えを得るため、自然と体言まで含めた答え方が定着したのではないかと考えている。

もし「きらきら光っている。」と答えさせるのであれば、問いを「魚のことを話す哲夫の目は、どうなっていますか。」とすればよいのである。

[4] ——の言葉から、魚屋という仕事に対する哲夫の**どんな気持ち**が分かりますか。一つに○をつけなさい。

当然のことながら、選択肢の文末にも「気持ち」が付かなければならない。たまに、選択肢が言い切りの形になっているものを見かけることがあるが、ここでは正しい選択肢になっている。異議なし！

[5] 哲夫は、**どんな魚屋**になりたいと思っていますか。

日本一の**魚屋**。これも文句なし！

[9] お母さんの言葉を聞いて、耳の辺りがかゆくなった綾子は、**どんな気持ち**だったのでしょうか。

うれしいような、はずかしいような**気持ち**。ＯＫ！

[1]～[3]の問いのように、別の問いに書き換えることができるにもかかわらず、本来答えを確定させる問い方ができるにもかかわらず、テストでは「どんな○○ですか」という聞き方をしていることが多い。おそらく授業の中でも多用される傾向にあるのではなかろうか。そして、本来の答え方と違う不自然な答え方でも「どちらも正解」として扱

われることに慣れてしまうと、問いを意識して読む力、正対して答えようとする力も薄れるのではないかと想像する。授業者、問題作成者自身も、確定した答えを引き出すための正しい問いを発する力を付けなければならない、と痛感している。

5 「どのように（して）」「どうやって」と問う問題

ここがポイント　副詞に当たる部分を答える

「どのように～」「どうやって～」は、副詞に当たる部分を答えさせる問題であり、出題頻度としては少ない。事例を示す。

【教材文】

ふじづるでできた橋の下には、谷川が、ゴーゴーとしぶきを上げて流れています。

【問い】谷川は、どのように流れていますか。
《答え》ゴーゴーと、しぶきを上げて。

子どもの中には、「ゴーゴーと。」「しぶきを上げて。」と書く者もいるが、二つとも書かなければ正解とは言えない。採点するときは△にして半分だけ点を付けるという手もあるかと思う。

また、「ゴーゴーとしぶきを上げて流れています。」のように、述語部分を書く子どもが多いと思われる。しかし、できるだけ最小限の答えを書かせるようにさせたい。なぜなら、最小限に限定することはきちんとした理解をしているからこそできることであり、自信のない子どもほど余計な部分まで書きたくなるからである。あくまで「どのように」に対応する部分のみを書く訓練をすることで、どんな問いにも答えられるようになるのである。

そして、あしたからは、やっぱり自分ががんばらなくちゃと思い、のっそりと立ち上がると、すみっこにある水飲み場に行き、ガラガラと、大きな音を立てて、うがいをしました。

【問い】ライオンは、どのようにうがいをしましたか。
《答え》水飲み場に行き、（　ガラガラ　）と、（　大きな音を立てて　）、うがいをした。

これは穴埋め式の解答欄なので、答えやすいだろう。

とんぼは、前羽と後ろ羽を別々に、すばやく動かして飛んでいます。ですから、空中に停止したり、急角度に方向を変えたり、高速で飛んだりするような、器用な飛び方をすることができるのです。
ちょうは、うちわのような前羽と後ろ羽を、いっしょに動かしてはばたきます。ですから、ふわふわとした飛び方になり、とんぼのように器用には飛べないのです。

【問い】とんぼやちょうが、次のような飛び方をするのは、羽をどのように動かしているからですか。
①とんぼの器用な飛び方。
②ちょうのふわふわとした飛び方。
《答え》①前羽と後ろ羽を別々に、すばやく（　動かしているから　）。
②前羽と後ろ羽を、いっしょに（　動かしているから　）。

「どのように」に当たる部分は「別々に、すばやく」「いっしょに」であるので、この部分だけ書いたものも正答といえるように思われる。が、問いを読み返してみると「羽をどのように」と書いてあり、「羽を別々に、すばやく」「羽をいっしょに」では、不正確になってしまう。そこで、「前羽と後ろ羽を」と入れた方が、よりよいのである。また、問いでは理由を問う形になっているため、この場合は「動かしているから」を入れても正答である。

基本は「どのように」「どうやって」と問われたら、これに対応する副詞部分のみを答えればよいが、問いによっては隠れた指示も入っていることが多いため、気を付けなければならない。

6　理由、目的を問う問題

ここがポイント　文末を「から」「ので」「ため」とする

問い方の種類は四つ。

ア　「なぜ」と問われた場合
　・ストローにあなを空けるのは、なぜですか。
　・ごんは、なぜうちの中に入ったのですか。
イ　「どうして」と問われた場合
　・「正造の真意」が広く伝わったのは、どうしてですか。
　・サルの指先はどうして感覚がするどいのですか。
ウ　理由・わけを問われた場合
　・冷凍食品が長い間くさらない理由を書きなさい。
　・「正造の心が重かった」わけを書きなさい。
エ　文末が「ため」「から」と指定されている場合
　・兄は何のために家に帰ってきたのですか。
　・明治初期に、和紙の生産が減ったのは、どんな欠点があったからですか。

これらの問いには、文末に「……から」「……ので」「……ため」のいずれかを付けて答えなければならない。

エは文末が指定されているので迷うことはないが、ア〜ウの場合には、「から」「ので」「ため」のどれを付けてもよいのだろうか。次の例の、（①）（②）に入る言葉を考えてみよう。

【教材文】

このえきのにおいは、ありのしゅるいによってちがうことも分かりました。それで、ちがったしゅるいのありの道しるべが交わっていても、けっしてまようことがなく、行列がつづいていくのです。

【問い】ちがったしゅるいのありの道しるべが交わっていても、まようことなく行列がつづいていくのは、なぜですか。
《答え》えきのにおいが、ありのしゅるいによってちがう（　①　）。

クレーン車は、おもいものをつりあげるしごとをしています。
そのために、じょうぶなうでが、のびたりうごいたりするように、つくってあります。車たいがかたむかないように、しっかりしたあしが、ついています。

【問い】クレーン車に、しっかりしたあしがついているのは、なぜですか。
《答え》車たいがかたむかないようにする（　②　）。

（①）の中には、「から」「ので」「ため」のどれを入れても、特におかしいということはないが、（②）の中に「から」「ので」を入れて読んでみるとしっくりいかないことが分かる。どちらも「なぜですか」と問われているのに答え方はなぜ違うのか。それは、明確な目的があるかないかによる。

（①）の「えきのにおいが、ありのしゅるいによってちがう」のは、あり自身がそのように変えたわけではなくもともと備わっていた特徴である。対して（②）は、車たいがかたむかないようにするという明確な目的がある。このように目的を問うている場合は文末を「ため」とした方がしっくりする。

理由を問われた場合は「から」「ので」「ため」のどの文末でもよいが、目的を問われた場合については文末を「ため」とした方がよいのである。

7　要約する（まとめる）問題

ここがポイント
(1)キーワードを使ってまとめる
(2)小見出しを付ける
(3)自分でまとめる

(1)キーワードを使ってまとめる

二〇〇〇年からＰＩＳＡのテストが行われるようになり、知識活用力（いわゆるＢ問題）を意識した設問が出されるようになった。

出題されるのは指定されたキーワードを入れてまとめる問題であり、字数については指定されない。これは社会や理科のテストでも出題されている。

ア［国語］松井さんが「思いついたこと」を、夏みかん・白いぼうしという二つの言葉を使って書きましょう。
　　解答例　夏みかんに白いぼうしをかぶせること。

イ［社会］米作りの作業時間が短くなった理由を、耕地整理・農業機械という二つの言葉を使ってまとめましょう。
　　解答例　耕地整理をして農業機械を使いやすくなったから。

ウ［理科］かげはどのようなときにできますか。日光・さえぎるという二つの言葉を使って書きましょう。

解答例　かげは日光をさえぎる物があるときにできる。／日光をさえぎるとかげができる。

指示文に対応させるための絶対条件は、指定された言葉を落とさずそのまま入れることである。「さえぎる」「大きい」など語尾が変化する言葉については「さえぎって」「大きく」のように変えてもよいが、普通はそのままで答えられる問題となっている。それ以外の文言は自分なりの言い回しでよい。

しかし安心はできない。問いの部分にも答え方の指示が隠されている。「隠れ指示」とでもいうべきか。

アは「思いついたこと」であるから、文末を「こと」で揃えなければならない。

イは「理由」を書くのであるから、文末を「から（ため）」としなければならない。

ウは「どのようなとき」となっているので、一般的な問いなら「日光をさえぎる物があるとき」「日光をさえぎるとき」でも正解なのだが、まとめて書くときには主語・述語を入れて文の形で書くことが原則である。

そして……、句点を忘れずに付けること。一番多いミスは、句点の付け忘れに尽きる。

(2)小見出しを付ける

一九九三年に調べたテスト問題の中に、次のような設問があった。

2の段落に小見出しを付けるとすると、どうなりますか。文章の中の言葉を使って書きなさい。

和紙の〇〇の仕方

小見出しは、場面場面や段落ごとの内容に関する言葉で付けられるのが一般的である。要約の一つと考えてよいが要約よりは感性で付けられることも多いため、文言の幅が広がってしまうのも事実である。採点することを考えれば、ある程度限定された答えにする必要がある。それで、穴埋め式であったり選択問題であったりするわけだ。そのため、難易度としては難しくない。

(3)自分でまとめる

中学や高校の入試問題には、長い教材文を読んでまとめる問題（これが本来の要約問題なのだが）が出てくるが、小学校のテストには見られない。なぜなら、採点が非常に複雑になるからである。一九九三年のテストの中には、次のような設問があった。

「正造の心が重かった」わけを、二つにまとめて書きなさい。

この設問では、「正造の心が重かったわけ」を書くのであるから、答えとなる文が限定される。その文から不要な言葉を削って短くすればよい。ただ、いくら自分なりの言い回しでよいといっても、基本的には文中の言葉をできるだけ使って書くことが望ましい。まだまだ言葉の使い方や注意力の未熟な小学生にとっては、自分の言葉に変えることにより意味が違ってしまうことがよくあるからである。極端に言えば、助詞一文字が違っただけで意味が全く違ってしまうこともある。せいぜい、平仮名を漢字で書く、和語を漢語で書く、言葉の順序を変える、程度の変更にとどめるようにする。

8　文章構成に関する問題

ここがポイント

(1)段落の第一文を意識する

(2)事実か意見か見極める

(1)段落の第一文（トピックセンテンス）を意識する

ア　上の文章の組み立てとして、よいもの一つに○をつけなさい。

（　）
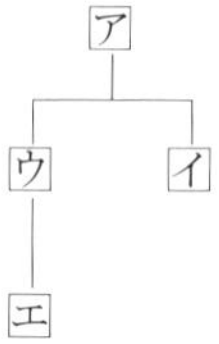

（　）
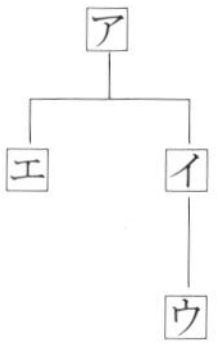

（　）
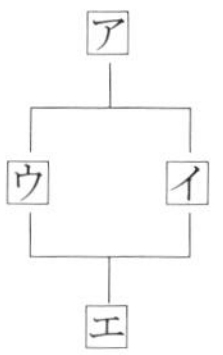

イ　この文章を大きく二つに分けるとすると、どこで区切ればよいですか。正しいものに○をつけなさい。

（　）[1]／[2][3][4]
（　）[1][2]／[3][4]
（　）[1][2][3]／[4]

ウ　水中の様子が急に大きく変わるのは、どこからですか。初めの四字を書きなさい。（　　　）

エ　上の作文は、もともと［　］のような構成で書かれています。正しい順序に並べて、㋐～㋓の記号を書きなさい。

生まれたころのこと　→　幼少時代のこと　→　小学校時代のこと　→　将来のこと

（　　）→（　　）→（　　）→（　　）

アは、それぞれの段落が、問題提起なのか結論なのか、また例示や実験など並列して書かれているのか、ある段落に付随（関連）して書かれているのかなどを読み取れないと答えられない。

イとウは文章を大きく二つに分ける問題である。選択問題である場合と、変わり目の初めの文字を書かせる場合がある。

エは、段落を並び替えて正しい順序を答える問題である。

いずれも文章全体の内容を理解していないと文章構成の問いにはなかなか答えられない。しかし、すべての内容を読んでいると各段落の要旨が見えにくくなることもある。そこで、授業の中では次のような読み方も指導しておきたい。

各段落の第一文（一つ目の文）に傍線を引かせる。これをトピックセンテンスという。

第一文、トピックセンテンスのみを続けて読ませてみると、これだけでも、内容がある程度分かることに気付く。

説明文などでは、「一つ目は」「二つ目は」や「まず」「次に」などの順序を表す言葉、「朝は」「昼前には」「夕方は」といった時間を表す言葉が書かれていることが多い。これらは並列の関係である。

「つまり」「いいかえると」などの言葉は同じ内容を表す言葉であり、これらの言葉が使われていれば付随（直列の関係）と考える。

結論の部分では、「こうして」「このように」といったまとめを意味する言葉も使われる。トピックセンテンスにはこれらの言葉が出ており、それを手がかりに文章構成を考える練習をするとよい。

大まかに図に表すと、このようになる。

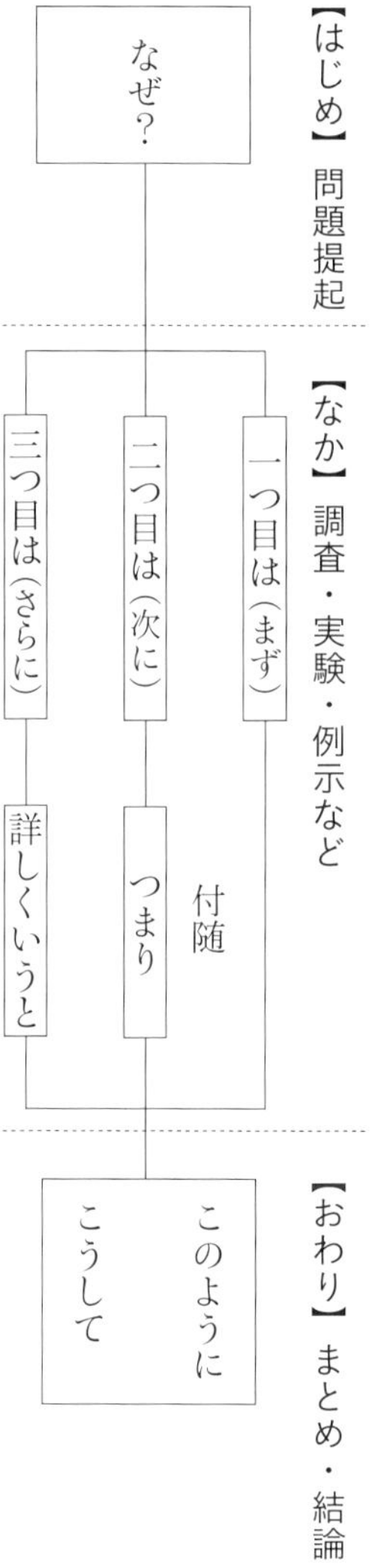

(2)事実か意見か見極める

オ　上の文章で、「例」を述べている段落と、「例をもとにした説明」を述べている段落はどれですか。記号で書きなさい。

「例」……（　　　　）

「例をもとにした説明」……（　　　　）と（　　　　）

カ　筆者が経験した事実を述べているのは、どの段落ですか。（　　　　）

オとカは、例示か説明か、事実か意見かを見分けるものである。

事実というのは、簡単にいえば百人いたら百人が「そうだ」と考えるものと思えばよい。一人でも「違う」「疑わしい」と考えるのであれば、それは事実ではない（意見と考える）。

しかしながら、例示と説明、事実と意見は内容的には関連がある。文章構成として考えるならこれらは並列ではなく直列（付随）の関係にあると思えばよい。

文章構成に関する問題はそのほとんどが選択問題である。○を付けるのか、段落の番号で答えるのか、数字や記号で答えるのか、または言葉で答えるのか。疑わしい選択肢を消して残ったものを選ぶ、あるいは確実なものから書き込んでいく、という方法で答えを導くよう練習させたい。

9　指示語（こそあど言葉）の問題

ここがポイント

(1)「の」の付くものに注意！

(2)微妙な違いに注意！

指示語の問いは二種類ある。

ア「それ」の指している言葉を書きなさい。／「それ」は何を指していますか。

イ「それ」とは何ですか。／「それ」とはどんなものですか。

アは、「指して」という言葉が使われている。指示語なのだからそのものずばりの言い方である。

イは、「指して」という言葉が使われていない。「何」「どんな○○」の問題と考えればよい。

(1)「の」の付くものに注意

小学校のテストに出てくる指示語はこの範囲である。

	自分に近い	相手に近い	両方から遠い
場所	ここ	そこ	あそこ
事物	これ	それ	あれ
連体詞（形容詞的な使い方）	この	その	あの
方向	こっち・こちら	そっち・そちら	あっち・あちら
様態	こう・こんな	そう・そんな	ああ・あんな

実際のテスト問題を見てみよう。

——の言葉が指している事がらを書きなさい。

①地球上には、水のほかにもう一つ、別の形をした水があるのです。それは氷河です。

②五才のとき、ファーブルは、家のくらしが苦しかったので、

《答え》①別の形をした水

②おじいさんの家

おじいさんの家にあずけられた。**そこ**は山の中の一けん家だったので、ファーブルは、家ちくや鳥や虫などを友達にしてくらすことになった。
③鉄道の線路が、さばくや草原や谷や山をどこまでも走っていましたが、**その**はしは、どこで終わるのか見当もつきませんでした。
④ここが、日本じゅうのウナギが集まってきて、いっせいにたまごを産む場所なのです。ここが**その**場所だと分かったのは、つい最近のことです。

③鉄道の線路の
④たまごを産む

正しいかどうかは、指示語の代わりに答えを入れてみればよい。
①「別の形をした水は氷河です。」
②「おじいさんの家は山の中の一けん家だったので、……」
③「鉄道の線路のはしは、……」
④「ここがたまごを産む場所だと分かったのは、……」

③のように「その」の答えが「鉄道の線路」のように名詞となっている場合があるが、代入してみると「鉄道の線路はしは、……」となり、文として正しくないことが分かるだろう。
「**ここ・そこ・あそこ**」は物事や場所を示す指示語であり、この言葉自体が名詞である。つまり①②の答えも、名詞（名詞止め）になる。

「**この・その・あの**」はそれぞれ、「こ（＝これ）＋の」「そ（＝それ）＋の」「あ（＝あれ）＋の」と考える。③の文でいえば、

「何のはし」かを聞いている。答えも「名詞（名詞止め）＋の」とする。

実は「**この・その・あの**」は、形容詞的に使われることもある。④の場合がこの型であり、「どんな場所」、つまり「どんな○○」と考えて答えを探すとよい。

⑵微妙な違いに注意！

> 地球とアルタイル星とのきょりは、約十六光年です。……（略）……もし、アルタイル星に文明があったならば、西暦二千十五年ごろに、アルタイル星人が返事をくれる可能性があります。その返事がとどいたとき、人類は、新しい歴史のページを開くことになるでしょう。

この教材文に対して、次の三つの問いがある。答えはどのように変わるのだろうか。

①**その**の指しているものを書きなさい。
②**その**の指しているものを書きなさい。
③**その返事**の指しているものを書きなさい。

どれも似たような問いであるが、答えは少しずつ違ってくる。

①アルタイル星人
②アルタイル星人の
③アルタイル星人の返事

やはり、代入法で考える。教材文の「その返事がとどいたとき」に答えを入れてみる。

①**そ**に答えを入れると、「**アルタイル星人**の返事が……」となり、正しいことが分かる。
②**その**に答えを入れると、「**アルタイル星人の**返事が……」となり、やはり正しい。

③その返事に答えを入れると、「アルタイル星人の返事が……」で、これまた正しい。

小学校のテストでは、①のように「そ」を問う型は見られない。②の「その」は先にも述べたが「それ＋の」と考えて答えにも「の」を付けて答える。また②は③の「その○○」型で問われることも多い。この場合は文末に「○○」を付けて答えればよい。

指し示す言葉が短かければ、それほど難しくはない。中学年のうちに、簡単な指示語問題を多数こなしておくようにしたい。

10 接続語（接続詞・接続助詞）の問題

ここがポイント 代入して意味が通じるようにする

ア ［1］、［2］に合う言葉を、〔　〕から一つずつえらんで、○でかこみなさい。

［1］……〔　でも　つぎに　さい後に　〕

［2］……〔　まず　だから　さい後に　〕

イ ［ので・けれど］の　あう　ほうを　かきましょう。

①見たい（　　　）、よく見えない。

②ねむい（　　　）、はやくねよう。

ウ ［　］に合う言葉一つに、○を付けなさい。

（　　）しかし　（　　）だから　（　　）それから

ア〜ウは、□や（　）の中に、実際に「しかし」「だから」などの言葉を入れて読んでみれば答えは見つけられる。

イの例では、
①見たい（ので）、よく見えない。／見たい（けれど）、よく見えない。
②ねむい（ので）、はやくねよう。／ねむい（けれど）、はやくねよう。
となり、①けれど②のでが答えと分かる。

エ　「それで」に置きかえられる言葉を、文の中からさがして、横に――を引きなさい。
生きているガンが手に入ったので、じいさんはうれしく思いました。

これは、同じ使い方をする接続語を見つける問題である。文中に接続語が一つしか使われていない場合は見つけやすいが、複数ある場合は接続語の知識が少し必要となる。

オ　①〜⑥の――のつなぎ言葉は、それぞれ、□のどの使い方をしていますか。（　）に記号を書きなさい。
①山の空気はすみきっている。だから、星があんなに大きく見えるのだ。……（　）
②わからないことは、先生にうかがう。あるいは、お母さんに聞いてみる。……（　）
③きみは、きっと合格する。なぜなら、あれだけ毎日がんばったのだから。……（　）
④人間は努力が大切だ。ところで、エジソンの話は知っているかな。……（　）
⑤日本の国土はせまい。しかも、国土の大部分は山地である。……（　）
⑥林君はにぎやかな子だ。ところが、お母さんは無口で有名な人である。……（　）

ア　前の事がらに付け加えて次の事がらを続ける。
イ　前の事がらを理由として、後に結果が続く。

ウ　前の事がらと反対の事がらを後に続ける。
エ　前の事がらに続けて説明（理由）を補う。
オ　前の事がらと後の事がらのどちらかを選ぶ。
カ　話題を変えて続ける。

接続語の種類、使い方を理解していないと答えられない問題である。小学校のテストでは、順接・逆接・並列・累加・説明・選択・転換といった用語そのものを問う設問は見当たらなかったが、どのような使い方をするかといった用法の知識は必要となる。

《答え》　①イ（順接）　②オ（選択）　③エ（説明）　④カ（転換）　⑤ア（累加）　⑥ウ（逆接）

11　書き直し問題

ここがポイント　直すべき項目以外は変えてはいけない

(1)文全体を書き直す

ア　言葉の順序を入れかえて、印象を強めて表現した部分があります。その部分を、ふつうの言い方に書きかえなさい。

「印象を強めて表現した部分」というのは、倒置法により体言止めになっている文であり、これを普通の文に書き直す問題である。教材文全体から該当する文を見つけなければならないため、かなり高度な問題である。

イ　――の言葉の代わりに〈が・ば・ので〉のどれかを使って、二つの文を一つの文に書き直しなさい。

強い風がふいた。それで、花が散ってしまった。

《答え》強い風がふいたので、花が散ってしまった。

二文を一文に書き直す問題である。一文を二文に書き直す問題もある。これは、書きかえるべき言葉も指定されているため、それほど難しくはない。

ウ　はなしたことばに、「　」《かぎ》をつけてかきましょう。

これも、教材文の中から、「　」の付いていない会話文を見つけて書き直す問題である。これも低学年にとってはかなりハードルの高い問題である。

ア〜ウの答え方で気を付けるポイントは、書き直す部分以外は原則そのまま書く、ということである。アのように倒置表現にしたり普通の文に直したりする場合は助詞が変わることが考えられるが、せいぜいその程度であり、漢字を平仮名にしてしまったり、文末を変えたり（過去形を現在形にしたり、常体を敬体にしたり）するのは間違いである。

(2)文末を書き直す

エ　——の部分を、この作文の書き表し方に合わせて、書き直しなさい。

オ　——の言葉を敬体になおしなさい。

物を大切にする習慣が付いているからだろう。（　いるからでしょう。　）

エ、オどちらも、常体の文を敬体に直す問題。エは、教材文の他の文と比べて違いが分かれば「常体」「敬体」の用語を知らなくても解くことはできるが、逆にオは用語と意味を理解していなければ解けない。

「常体↕敬体」だけでなく、「普通の言い方↕敬語」や「断定↕伝聞・様態」「現在形↕過去形」「受け身↕能動」等の書き直し問題もある。

気を付けるポイントは、オの例でいえば、「いたからでしょう。」のように過去形にしたり、「いるからです。」のように断定の言い方にしたりしてはいけない、ということである。

⑶言葉の書き直し

カ　――の言葉を敬語に直しなさい。
　わたしに何か用ですか。――→（　ご用　　　）
　先生が、果物をおいしそうに食べた。――→（　めしあがった　）

キ　つぎの二つの言葉を一つの言葉に変えなさい。
　結ぶ＋付ける――→（　結び付ける　）
　引く＋のばす――→（　引きのばす　）

ク　言葉が正しく呼応するように、――の言葉を直しなさい。
　①**たとえ**負けたら、君の活やくは、ほめたたえられるだろう。（　ても　）
　②**まるで**もうじゅうがうなるらしい風の音がしている。（　ような　）

ケ　「喜ぶ→喜び」のように、次の動詞を名詞に直しなさい。
　①かがやく（　かがやき　）　②結び付く（　結び付き　）

コ　次の言葉を、文に合わせて形を変え、正しい送り仮名で書きなさい。
　美しい――→心が（　美しけれ　）ば、それで十分だ。

サ　次の熟語の意味が分かるように、訓読みを使って書きなさい。
　〈例〉打者（打つ者）
　①引力（　引く力　）

②教育（　教え育てる　）

カは敬語、キは複合語、クは呼応表現（古文なら係り結びもこの一種）、ケは品詞、コは言葉の活用、サは漢語と和語、に関する書き直し問題。実に多様な問題が出されている。敬語のように知識として言葉を知らなければ解けない問題もあるが、多くは例示がしてあるため、例示に習って答えればある程度は正解が得られるはずである。

気を付けるポイントは、何度も繰り返すが、書き直す項目以外は変えてはいけない。漢字で書かれている文字は漢字で、敬語に直す問題なのに過去形を現在形に変えてしまってはいけないのである。

⑷文字・記号

シ　〈例〉にならって、仮名づかいのまちがっているところに——を引き、正しく直したものを書きなさい。〈例〉のほかにまちがいは三つあります。

〈例〉　は

わたしわ、本物のおうかみお見たことがないので、次の日曜日に動物園え行って、見てこようと思います。

ス　つぎの文に、「　」《かぎ》と　。《まる》をつけましょう。

たかしくんが、
なわとびを　しよう。
と　いいました

シは五年生のテスト、スは二年生のテストに出ていたものである。文字や記号を正しく書く問題は、知識として覚えなければ解けない問題であるが、ミスを減らすポイントとしては指示通りに直すことにつきる。例を見ると、シは

――を引いて右に正しい文字を書くことになっているが、間違った文字に×を付けて書き直す、などの子どももいるからである。内容は理解できていることは分かるが、注意力が足りない、あるいは指示通りにできない、と評価されかねない。

12 文の組み立てに関する問題

ここがポイント 主語・述語・修飾語（形容詞・副詞）をきちんと覚える

ア 次の文の、主語に――を、述語に〰〰を引きなさい。

真っ赤な夕日が海にしずんだ。

主語、述語を書き出させる指示もある。主語でよく見られる間違いに、「夕日」だけに線を引くものがある。「○○は」「○○が」が主語である。《答え》主語「夕日が」述語「しずんだ」

イ ――の言葉は、どの言葉を修飾していますか。

ピンクのリボンをつけた女の子が、元気よく走ってきた。

ピンクの（　　　　）　元気よく（　　　　）

「ピンクの」は「リボン」を詳しくする言葉、つまり名詞を修飾しているので形容詞である。

「元気よく」は「走ってきた」を詳しくする言葉、つまり動詞を修飾しているので副詞である。

形容詞、副詞を簡単に言えば、「どんな」「どうやって」である。何を詳しくしているのかは、文中の他の言葉に続けて読んでみるとよい。つまり、

ピンクのリボン／ピンクのつけた／ピンクの女の子／ピンクの元気よく／ピンクの走ってきた
元気よくピンク／元気よくリボン／元気よくつけた／元気よく女の子／元気よく走ってきた

というようにである。

「ピンクは形容詞だから名詞を修飾するので答えはリボンだ。」という知識も大切だが、どの言葉に続くのか体力勝負で探す方法も知っておくとよい。

ウ　つぎの文は、単文・重文・複文のどれですか。（　）に記号を書きなさい。

①父は会社に行き、姉は高校へ行く。　単文（　）
②わたしは、雨がふるのをじっと見ていた。　重文（　）
③飛行機が、真っ青な空へと飛び立って行った。　複文（　）

単文とは、一文の中に主語と述語が一つずつある文である。……主語＋述語
重文とは、単文を二つ以上並列に組み合わせた文である。……（主語＋述語）＋（主語＋述語）
複文とは、修飾部に当たる部分に主語と述語が含まれる文である。……（主語＋述語）主語＋（主語＋述語）述語
※ただし、主語は省略されていることもあるので注意。
主語に――を、述語に～～を引いてみると分かりやすい。

①父は会社に行き、姉は高校へ行く。　単文（ウ）
②わたしは、雨がふるのをじっと見ていた。　重文（ア）
③飛行機が、真っ青な空へと飛び立って行った。　複文（イ）

13 言葉の意味に関する問題

ここがポイント 品詞をそろえて答える

ア　次の言葉の意味を下から選んで、記号を書きなさい。

①本能（　　）
②体勢（　　）

ア　物事ができる力。
イ　生まれつき持っている性質やはたらき。
ウ　物事がうつり変わる様子。
エ　かまえ。しせい。
オ　勢いよくぶつかっていくこと。

イ　次の言葉の意味を一つずつ選んで、◯を付けなさい。

①案の定
（　）思いもかけず
（　）決まったとおり
（　）思っていたとおり

②しきりに
（　）何度も
（　）ときどき
（　）ますます

ア、イは、言葉の意味を選択させる問題である。アの「本能」「体勢」はどちらも名詞であるから、ア〜エの選択肢も名詞か体言止めになっている。
同様にイの「案の定」「しきりに」は副詞であるので選択肢も副詞となっている。

気を付けてテスト問題を見ていると、時々品詞が合っていないことがある。出題者も意識しなければならない。

ウ　次の言葉と同じような意味の言葉に、◯をつけなさい。

①空想｛（　）想像　（　）感想　（　）空間｝　②結末｛（　）結成　（　）結合　（　）結果｝

ウは、意味を選ぶのではなく、類義語を選ぶ問題である。言葉の意味を理解していることが正解を得る前提条件となる。

エ　次の言葉の意味を書きなさい。
　①赤　②先生　③歩く

アとイ、どちらが正しいだろうか。
①ア　いちごやりんごのようなもの。　イ　いちごやりんごのような色。
②ア　勉強などを教えること。　イ　勉強などを教える人。
③ア　足を動かして進むこと。　イ　足を動かして進む。

①、②の「赤」「先生」はどちらも名詞であるから、意味の説明も名詞にしなければならない。文末を見ると「もの」「色」「こと」「人」と、名詞になっているので第一関門は突破である。では「赤」「先生」が何の仲間かを考える。「もの」というと、形あるもの（＝物体）の意味であるが、「赤」は色であり物体ではない。同様に「こと」は物事・出来事の意味であるが「先生」は人であり出来事などではない。よって①の文末はイの「色」、②の文末はイの「人」とする。

③の「歩く」は動詞である。文末を見ると「こと」は名詞、「進む」は動詞になっていることからイが正しいのである。

エのように記述で答える問いは市販テストには見当たらなかったが、授業の中で学習することが望ましい。

14 文字・言葉・熟語に関する問題

ここがポイント 多くは選択問題。分かるものから書いていく。選んだものは消していく

(1) 文字

ア　次の成り立ちの漢字を、[　　]から選んで書きなさい。

物の形を写した絵からできたもの。……（牛）

事がらを指し示すもの。……………………（本）

二つの漢字の意味を合わせたもの。……（男）

男・本・牛・晴

漢字の成り立ちに関する問題である。象形文字・指事文字・会意文字・形声文字についての簡単な知識は身に付けておきたいものである。

〈象形文字〉ものの形を絵で表して作られた文字……山・犬・人・車など

〈指事文字〉絵で表しにくいことがらを、印や記号を使って表した文字……上・下・一・本など

〈会意文字〉二つ以上の漢字を組み合わせて作られた文字……男・明・林・千など

〈形声文字〉音を表す漢字と意味を表す漢字を組み合わせて作られた文字……花・池・晴・紙など

イ　次の漢字の部首のよび方を書きなさい。

①[移]（　のぎへん　）　②[頭]（　おおがい　）

漢字の組み立てに関する問題である。漢字の部分の名前（へん・つくり・かんむり・あし・たれ・にょう・かまえ）と

代表的なもの（にんべん・りっとう・くさかんむり・ひとあし・まだれ・しんにょう・もんがまえ、など）については、身に付けておきたいものである。

ウ　次の漢字からできた、平仮名と片仮名を書きなさい。

加　平仮名（　　）　片仮名（　　）

(2)言葉

エ　――の言葉を、名詞・動詞・形容詞に分類しなさい。

大きい　太陽が　しずむころ、赤い　かがやきが　海を　おおう。

名　詞（太陽　・　海　）
動　詞（しずむ　・　おおう）
形容詞（大きい　・　赤　い）

品詞の問題。物の名前を表す名詞、動きや状態などを表す動詞、名詞を修飾する形容詞、動詞を修飾する副詞の四つは分類ができるようにしておきたい。

オ　［　　］から、「静か」の類義語と対義語を二つずつ選んで書きなさい。

さわがしい・うるさい・おとなしい・しめっぽい・おだやか・あたたかい

「類義語」……（　　）（　　）
「対義語」……（　　）（　　）

カ　はんたいの　いみの　ことばを［　　］から　えらんで　かきなさい。

①大きい↔（　　　）
②ひろい↔（　　　）
③ほそい↔（　　　）
④ふかい↔（　　　）

ふとい・あさい・かるい・せまい・小さい・よわい

オ、カは「類義語・対義語」を問う問題。このほか、「擬声語・擬態語」を問う問題もある。

キ　時間の　じゅんじょに　なるように、（　　）にあう　ことばを　書きなさい。

きょう→あした→（　　　）
きょ年→（　　　）→来年

ク　まとめて　よぶ　ことばを、□に書きなさい。

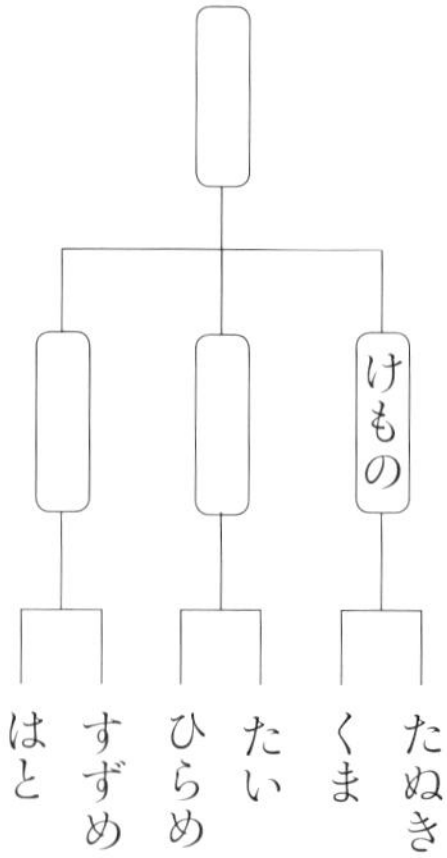

ケ　かぞえかたを　かきましょう。
①いろがみ　二（　　）
②ひと　　　三（　　）
③きんぎょ　五（　　）

キは時間の順序を表す言葉であるが、「赤ちゃん」「子ども」「おとな」のように大きさの順序で書かせる問題も出題されていた。クは上位概念と下位概念を表す言葉であり、動物のほかにも昆虫・植物・食べ物・乗り物・服装などでもまとめていう言葉を練習することができる。ケは助数詞の問題で、「一ぴき」「二ひき」「三びき」のように数によって言い方が変わるものがあるので気を付ける。

これらの問題は、言葉そのものや使い方を知らなければ答えることができない。やはり、いかにして語彙を増やしていくかがカギである。

コ（　）にあう言葉を［　　］からえらんで、あう形にして書きなさい。

［さける・そえる・ふくめる・かすむ・支える］

おかの上に上がると、はるか遠くに小さな島が（　かすんで　）見える。

選択するだけでなく、変形させなければならないところに落とし穴がある。「かすむ」とそのまま書いて安心してはいけない。書いたら必ず読み返す、という習慣を付けさせたい。（「見直す」「読み返す」ことが苦手な子どもも多い!!）

サ　□に「調査した」「調べた」のどちらを入れてもおかしくない文を二つえらんで、○をつけなさい。

（　）むずかしい言葉の意味を国語辞典で□。
（　）南極観測隊はペンギンの生態を□。
（　）この町で起こりやすい病気の原因を□。
（　）さいふにいくらお金が残っているか□。
（　）新幹線が東京駅を出発する時こくを□。

これは大変面白い問題である。漢語と和語の微妙な違いを答えさせている。意味としては似ているが、「調査」という言葉は一度確かめれば分かるような簡単な問題には使わない。代入して読んでみれば答えは分かるだろう。

シ　意味の通じる文になるように、――でつなぎなさい。

最後に議長が学級会を　・　　・　思いやる。
つぎからつぎと質問を　・　　・　たたみかける。
おたがいに相手のことを　・　　・　対比させる。
　　　　　　　　　　　　　　・　しめくくる。

上と下をつなげて読んでみれば、だいたいは解ける問題である。個人的には、小学校のテストでは線をつなぐ問題なら定規を使って真っすぐ引かせたいところである。

ス　――の言葉が同じ意味に使われている文に○、そうでないものに×をつけなさい。

今にも空に吸いこまれそうだ。
（　）かれは来週中には退院できるそうだ。

（　）今日は寒くて、かぜをひきそうだ。
（　）海のむこうで、地震《じしん》があったそうだ。

「そうだ」には二つの用法がある。
伝聞……人から聞いたことを伝える場合
様態……自分の目で見た様子を伝える場合　※以前は「推定」という言い方であったと記憶している。
例文の「吸いこまれそうだ」は様態であり、「退院できるそうだ」「地震があったそうだ」は伝え聞いたことであるので、答えは「かぜをひきそうだ」である。伝聞の言い方の例として、
ソーダ村の村長さんが、ソーダ飲んで死んだそうだ。葬式まんじゅうおいしいそうだ。
という言葉遊びをお聞きになった方もいるだろう。

⑶熟語

セ　[　　] の漢字を二字組み合わせて、次のような組み立ての熟語を作りなさい。
対になる意味が重なったもの。→（　損得　）
似たような意味が重なったもの。→（　金銭　）
上が下を修飾するもの。→（　綿花　）

[綿・得・金・足・損・銭・不・花]

熟語の組み立てについては主に八種類ある。覚えなくても、文字をよく見てどれに当てはまるか考えることができれば解くことはできる。
①似た意味の漢字を重ねたもの。……幸福・出発など

②反対の意味の漢字を重ねたもの。……左右・新旧など
③主語・述語の関係にあるもの。……頭痛（頭が痛い）・地震（地面が震える）など
④上が下を修飾するもの。……親友（親しい友）・白紙（白い紙）など
⑤下から上に返って読むもの。……登山（山に登る）・消火（火を消す）など
⑥上が下を打ち消す（無、不、否、非の付く）もの。……無理・不安など
⑦同じ漢字を重ねたもの。……堂々・家々など
⑧長い熟語を省略したもの。……図工（図画工作）・国連（国際連合）など

ソ　次の言葉を漢語と和語に分けなさい。

建物・深海・米俵・平等・海辺・地形

漢語（　深海・平等・地形　）
和語（　建物・米俵・海辺　）

心の中で読んでみよう。訓読みのものは和語、音読みのものは漢語である。問いの種類としてはたくさんある。知識を必要とする問題もあるが、答え方の多くは選択問題である。説明を読み、分かるものから解答欄に書き込んでいく。すでに答えたものを消していくとよい。

15　漢字・文字の読み書きの問題

ここがポイント　丁寧な文字で正確に書くこと

ア　かたかなでかきなさい。
①さあかす（　　　　）
②くろっかす（　　　　）
イ　かん字のよみかたをかきましょう。／漢字の読みがなを書きましょう。
ウ　漢字を書きましょう。
エ　――の言葉を、漢字とひらがなで書きましょう。

ア～エは、漢字の読み書き、片仮名など、文字そのものを書く問題である。「はらい・はね・とめ」はもちろん、「出る・出ない」や「拗音・促音」などの小さく書く字なども正確に書くことが大切である。

漢字の字形については許容範囲があるが、小学生の段階ではできるだけ教科書通り書かせるように指導する。なぜなら、一度に多くの字形を覚えることは難しいからである。また「未」「末」のように、長さによって違う文字になってしまうこともあるからである。○付けの際に教師が配慮すればよい。

片仮名を平仮名に書き直す問題は見当たらなかったが、平仮名表記では「ー」は使わないので、例えば「ケーキ」を平仮名にすると「けーき」ではなく「けえき」となることを頭に入れておきたい。

イの読み仮名については、特に熟語の読み仮名については、漢字に対応した分かち書きをさせたい。

（　　　）（　　　）
①必要　②費用

このような問題があったとき、①「ひつよう」②「ひよう」と書く子どもが多いだろう。だが、時折「ひよ　う」のような書き方をする子どもがいるのである。読み方は分かっているのだろうが、急いで書くあまりのミスであろう。

しかし、これは正しくない。「費」は「ひ」と読み、「用」は「よう」と読む。「ひよう」では、読みが漢字に対応していない。日常の漢字指導で、「ひつ　よう」「ひ　よう」といった分かち書きを指導し、漢字に対応した読みを意識させたい。

同時に、テスト問題でも、

① 必要（　　┊　　）　② 費用（　　┊　　）

のように、自然に分かち書きができる解答欄にした方がよい、と考えている。（分かち書きできない特殊な熟語については適用できないが。）

オ　正しい　かきじゅんの　ものを　二つ　えらんで　○を　つけなさい。

①（　）　②（　）　③（　）　④（　）

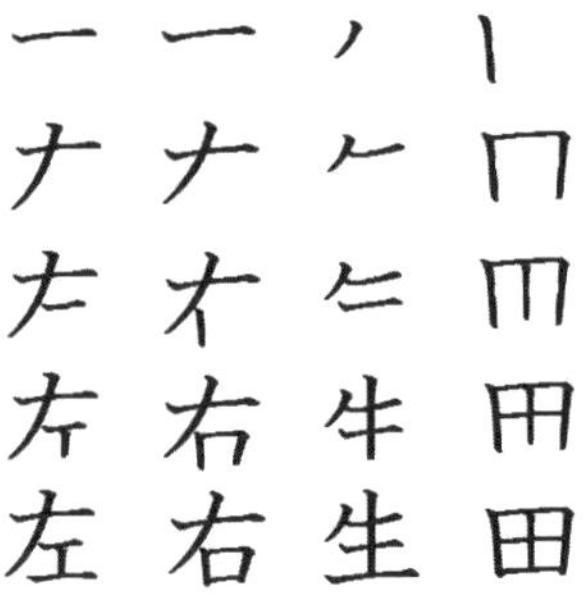

筆順（書き順）の問題である。選択問題であるが、日頃から正しい筆順で書く意識を育てたいものである。

カ　「え・へ・わ・は・お・を」の　あう　字を、○に　かきましょう。

わたし○、としょかん○、本○　かりに　いきました。

キ　——の漢字を正しく使っているものに、○を付けなさい。

①
（　）争いが納まる。
（　）国庫に収まる。
（　）痛みが治まる。

②
（　）長さを量る。
（　）時間を計る。
（　）目方を測る。

カは助詞の使い方の問題である。ここにはよく見られる間違いがある。としょかん（に）とする間違いである。出題者は答えを確定するために「え・へ・わ・は・お・を」と選択肢を書いているのだが、問題を読まなくても答えが分かると思いがちな問題であるためミスをする。特に低学年では、問題文を声に出して読ませてから解かせるとよい。

キは同訓異字の問題である。熟語よりも使い方が分かりにくく定着しにくい。学年を問わず取り上げて指導するようにしたい。

Ⅲ　国語テストを授業に入れて学力ＵＰ
答えのさがし方、書き方の秘訣
答えのヒントは問題文に隠されている

１　書き抜き問題の答え方

(1)文字も記号も、そっくりそのまま書き写させる

テストの答え方で最も大切なことは、答えの部分を正しく引用すること（＝正確に書き写すこと）であると考えている。そして、これが一番簡単そうでいて一番難しいのである。向山氏は次のように書いている。

「書きぬきなさい」という超初心向けのことでさえ、何度も何度も教えなくてはならない。一年間は、たっぷりかかる。一年間たっても、間違える子もいる。（「教室ツーウェイ」一九九三年一二月号）

どんなに答えが分かっていても、内容を一部書き直してしまったために意味が全く違ってしまう場合がある。たった一つ、助詞を書き間違えたために意味が通じなくなってしまう場合もある。このような初歩的なミスを防ぐためにも、まず正しく書き写す練習から始めたい。

「先生が黒板に書いた通りに書き写しなさい。」と指示し、板書する。

《板書》書き写しなさい。

「あっ、大きなライオンだ。」

ノートに書かせるなら、「書き写しなさい。」という指示文も書かせる。

このとき、黒板に一行で収まる字数の文を書くことがポイントとなる。なぜなら、黒板で二行以上になると、ノートの下にまだ書けるにもかかわらず改行してしまう子どもが出てくるからである。また、子どもがマス目のノートを使っている場合は、マス目のある作文黒板に手本を書くようにするとよい。句読点、拗音・促音の位置も指導できるからである。

書けた子どもからノートを持って来させ、一つでも間違いがあったら×を付ける。よく見かける間違いは、誤字・脱字、句読点・記号の抜け、拗音・促音を大きく書いてしまう、漢字・カタカナを平仮名で書いてしまう、などである。大方の子どもが○をもらったところで説明する。

問題は「書き写しなさい」でしたね。書き写すということは書いてある通りに書くということです。句読点はもちろん、平仮名・片仮名・漢字もその通りに書かなければなりません。一つ書き間違えただけでも0点なのです。テストにはよく、「書き抜きなさい」「書き出しなさい」という問題が出てきます。これも、書いてある通りに書き写さなければなりません。いつでも正確に書き写すように気を付けましょう。

さらに、正確に書き写す練習を計画的に行うには視写教材「うつしまるくん」を活用するとよい。左ページの手本を見ながら右ページの原稿用紙に書き写すもので、書写教材としても活用できる。書き写しながら視写のコツが分かり、短時間に速く書き写す練習、原稿用紙の正しい使い方の学習ができる。十分程度の隙間時間に使うことができるので、答え方指導と共に活用すると効果的である。

(2)文を意識させる

第二段階では、文を意識させるようにする。まずは説明文などの一つの段落について、いくつの文で書かれているかを問う。五つと答えた子どもがいたら、なぜ五つと分かったのか理由を問う。大抵は「まる（。）の数を数えれば分かります。」と答えるだろう。そして、皆で一文ずつ確認しながら読んでいく。

このように、別の説明文のときもどこかの段落で文について問うようにする。

次は、文の視写である。例えば、「二つ目の文を書き写しなさい。」「問いかけの文を書き写しなさい。」というようにである。ノートに二行以上になる場合は、「ノートの一番下まで書いて書き切れなかったら行を変えなさい。」と指示する。

これも、一人一人ノートを見る。よく見られる間違いは、文の途中から書き写すということである。

文の初めと終わりについて説明する。

> 文を書き写すときには、文の初めから終わりまで全部書かなければいけません。文の終わりには忘れずに句点を付けなければいけません。句点の次の文字が、次の文の初めになります。

(3)部分、字数制限、字数指定

文を「書き抜く」「書き出す」ことがある程度身に付いてきたら、部分、字数制限、字数指定について意識させる。文といえば句点の次の文字（第一文は初めの文字）から句点までであり、部分といえば文より短いか長いかのどちらかである。（小学校のテストでは、一文より長いものは見当たらなかった。）

高学年の子どもなら、四つの指示で同じ問いを出し、答えの違いを考えさせてみるとよい。

> ア　比喩の使われている文を書き抜きなさい。

イ　比喩の使われている部分を書き抜きなさい。
ウ　比喩の使われているところを十字以内で書き抜きなさい。
エ　比喩の使われているところを七字で書き抜きなさい。

まず、アの指示で問いを出し答えを書かせる。

《答え》　雨上がりの空に、雲がまわたのようにぽっかり浮いていた。

次に、イの指示を出す。複数の答えが予想される。

《解答例》　まわたのように／雲がまわたのように
ウの指示は字数制限である。「十字以内」なら「六字～十字」と考える。もし五字で答えられる問題であれば「五字以内で」という指示になるはずである。この場合も複数の答えが予想される。

《解答例》　まわたのように／雲がまわたのように
そしてエの指示。

《答え》　まわたのように
比喩は「（まるで）～のよう（な・だ）」と書き表されるので、「まわたのように」が正解となる。ア、エは答えが確定しやすいが、イ、ウは複数の解答が出される可能性が高くなる。答え方の指示が違うだけで難易度が変わるのである。

通常は句読点も字数に含まれる。が、文末を短い字数指定で書き抜く場合、「句点は字数に含まない」等の指示が書かれていることがある。その場合は「きなさい。」でなく「抜きなさい」という答え方になる。入試などではよく見られるので注意が必要である。

「国語教育」二〇一四年六月号に、『書き抜き指導―指示の言葉バリエーションと選び方』高本英樹氏の論文が掲載された。氏は、子どもの書き抜き問題に対する慣れやキーワードを見つける学習の度合い、答えに当たる言葉や文の長さ等を考えた上で指示のパターンを選択すべき、という趣旨の内容を書かれていた。そして、読み取りのレベルを上げるためには部分を問う指示がふさわしいともまとめられていた。

このように、子どもの学習の状態に合わせ、少しずつレベルアップしていくように指示の言葉を選ぶとよい。

(4)「書き抜き問題」の指示文を教える

第Ⅱ章では書き抜き問題の問い方としてア〜ケの九つの例文を示した。よく読めば決して難しい言い回しではないのだが、一度に提示して覚えさせようとするのは難しい。それで、授業のたびに色々な指示を出して、どれも書き抜き問題であることを自然と身に付くよう配慮する必要がある。

「書き抜きなさい」「書き出しなさい」「どう書いていますか」などの問題は、そのまま書き写さなければいけません。文字の間違いはもちろん、「、」を一つ書き忘れても0点です。

しかしながら、書き抜き問題以外は書き換えてよいという意識を持たせてしまうのも危険である。基本は教材文をそのまま書き写すことを日頃から指導しておいた方がよい。

2　設定を問う問題の答え方

設定とは、「いつ」「どこ（で・に）」「だれ（が・を・に）」「何（が・を・に）」といった、文章の骨格ともいうべき基本的事項である。修飾語を削ぎ落とせば単語で答えられること、固有名詞も多く使われることなどから、答えやすい初歩的な問いといえる。

「いつ」「どこ」「だれ」「何」はどれも名詞である。答えも当然、名詞、あるいは体言止めになる。

低学年のうちは、一語（修飾語の付いていない単語）で答えられるような問いを出すとよい。学年が進むにつれ、修飾語も含めて答えられるような練習をする。

例えば、

空から、真わたのような真っ白い雪がふってきました。

という文に対して、低学年（や、答え方指導の初期の段階）では、「何がふってきましたか。一文字で答えなさい。」と問う。すると「雪」とすぐに正答が出される。

次に、少し詳しく答えさせるために「何がふってきましたか。一二文字で答えなさい。」と問う。すると「真わたのような真っ白い雪」と答えられるはずである。

そしてテストで、一語で答えるか、修飾語を付けて答えるか迷うときには、解答欄の大きさに合うように答えることを指導するのである。つまり、Aならば一語、Bならば少し詳しく、というようにである。

A……（　　　）

B……（　　　　　　　　　　）

Aなら、「雪」が答えとなり、Bなら「真わたのような真っ白い雪」となる。

しかし、第I章でも述べたが、子どもたちにはその見分けは難しい。なぜなら、書く文字の大きさが子どもによって非常にまちまちであるためだ。文字の大きな子どもはBの解答欄でも、一語で済ましてしまうことが多い。文字の小さい子どもは、解答欄に書けるだけ書こうとする。答え以上の不要な部分まで書いてしまい、かえって不正解になる。

だからこそ、文字の大きさに左右されない字数の指定が重要である。

3　述語「どうする」「どんなだ」の答え方

「どうする」「どんなだ」は述語部分を答える問題である。「2　設定を問う問題の答え方」と同様、文章の筋や要旨をつかむ上では重要な部分である。ただ、名詞で答える設定問題と違い、述語部分は動詞で答えなければならないため難易度が上がる。なぜなら、動詞は活用があるからだ。

答え方のポイントは二つある。

⑴動詞で答える

「どうしましたか」「どうなりますか」といった述語の部分を問う発問には、動詞（動きを表す言葉）で答えなければならない。

⑵文末に注意！

①常体で答えるのが基本

問いはたいてい「どうしましたか。」「どうなりますか。」のように、敬体が使われている。また、敬体で書かれた教材文もある。しかし、答えを書く場合は「どうした。」「どうなる。」と常体で書くのが一般的である。ただし、そのまま書き抜くことを練習している時期では、教材文のまま敬体で書いても構わない（最近のテストでは、教材文が敬体なら、解答も敬体で書かれているものもある）。

②教材文と同じ文末の形にする

常体で答えるのが基本であるので、それ以外についてである。具体的には、

ア　現在形か過去形か

イ　受身か能動か可能か

ウ　自動詞か他動詞か
エ　断定か伝聞か様態（推定）か
等である。もう少し具体的にいえば、
ア（教材文）学校に行きます。↓（正答）行く。（誤答）行った。

イ（教材文）ヒットを打たれた。↓（正答）打たれた。（誤答）打たれる。打てた。打てる。打った。打つ。

ウ（教材文）花びんをこわした。↓（正答）こわした。（誤答）こわす。こわれた。こわれる。

エ（教材文）雨が降りそうです。↓（正答）降りそうだ。（誤答）降る。降った。降るそうだ。降ったそうだ。

ということである。

アの「行きます」は現在形である。だから常体にすると「行く」であり、「行った」は過去形なので間違いである。

イの「打たれた」は過去形で受身である。「打たれる」は現在形の受身、「打てた」は過去形の可能、「打てる」は現在形の可能、「打った」は過去形の能動、「打つ」は現在形の能動なので間違いである。

ウの「こわした」は過去形で他動詞（能動）である。「こわす」は現在形で他動詞（能動）、「こわれた」は過去形で自動詞、「こわれる」は現在形で自動詞なので間違いである。

エの「降りそうです」は現在形の様態である。「降る」は現在形の断定、「降った」は過去形の断定、「降るそうだ」は現在形の伝聞、「降ったそうだ」は過去形の伝聞である。

このように、文末の形には要注意である。

4　「どんな○○」「どういう○○」の答え方

国語のテスト問題を見ると気付かれると思うが、「どんな（どのような）○○ですか」という問いがいかに多いことか。

かつて実際に使われた六年生用テストでは、何と実質十問中七問が「どんな○○」の問いであった。

これはかなり極端な例ではあるが、「どんな○○」は出題頻度の高い問いであることには違いない。答え方を知らなければ大きく点が下がってしまう。裏を返せば、正しく答えられればよい点が取れるということである。

「どんな〇〇」は名詞に係る修飾部分(=形容詞に当たる部分)を探せばよい。

答え方には二種類ある。

(1)文末に「〇〇」を付けて答える

①そのためのつぐないは、**どんなこと**でしたか。

(答え)くりをあげる**こと**。

②**どんな気持ち**になりましたか。

(答え)うらやましい**気持ち**。

③〜の文から、豆太の**どんな様子**が分かりますか。

(答え)むちゅうでとび出した**様子**。

④**どんなとき**がうれしいときですか。

(答え)病気が治った**とき**。

つまり、「どんなこと」と聞かれたら「くりをあげる**こと**」、「どんな**気持ち**」と聞かれたら「うらやましい**気持ち**」というように、問題文と同じ文末で答えるのである。原則は、この答え方である。

しかし、実際のテストを見てみると、問い方が悪いために違う答え方をせざるを得ない場合もあるというのが残念ながらの実態である。

(2)文中の言葉でそのまま答える

⑤順序がよく分かるように、**どんな言葉**を使って書いていますか。

(答え)**はじめに、次に**

⑥正造は、**どんなこと**を決行しましたか。七字で書きなさい。
（答え）天皇へ　の**じきそ**
⑦「貝塚」とは、**どんなもの**だと述べていますか。
（答え）大むかしの人々が積み上げた貝がらの**山**。
⑤は、「はじめにという言葉。」「次にという言葉。」という答え方が正しい。しかし答えは言葉そのものを問うている。本来なら、
順序がよく分かるように使われている**言葉**を、（二つ）書きましょう。

順序がよく分かるように使われている言葉は**何**ですか。

と問うべきである。

同様に⑥も、問いに対応した答えは「天皇へじきそすること。」となる。決行したことそのものを問うのであれば、
正造は、**何**を決行しましたか。

とすべきである。だが⑥の問いには「七字」という追加の指示が書かれているために答えが確定する。
⑦は、「大むかしの人々が積み上げたもの。」としても正答にはならない。かといって「大むかしの人々が積み上げた貝がらの山**のもの**。」では不自然であり「山のようなもの。」では間違いになってしまう。
「貝塚」とは、**どんな山**ですか。

「貝塚」を、文中の言葉を使って説明しましょう。

であれば、テスト作成者の求めた答えになる。

しかし、実際にこのような問い方がある以上、答え方の対策も立てなければならない。「どんな〇〇」では答えにくいと感じたら、文中の言葉でそのまま答えるとよい。

5 「どのように（して）」「どうやって」の答え方

市販テストの中から「どのように～」「どうやって～」に当たる部分を答えさせている発問を探してみたところ、約六十枚（六百問）の中にわずか三問しか見当たらなかった。「どんな○○」「どのような○○」といった形容詞に当たる部分を答えさせる発問は各テストに必ずといっていいほど出ているのに、副詞に当たる部分を答えさせる発問の何と少ないことか。しかし、出題率が少ないからといっても、答え方の指導は必要である。

答えの見つけ方のポイントは二つ。

1 問いの文と同じ述語（述部）を探せ。
2 答えは動詞の前にある。

【教材文】

すると、さむらいがすらりと刀をぬいて、お母さんと子どもたちの前にやって来ました。お母さんは真っ青になって、子どもたちをかばいました。いねむりのじゃまをした子どもたちを、さむらいが切ってしまうと思ったのです。

【問い】①さむらいは、どのように刀をぬきましたか。
②お母さんは、どのように子どもたちをかばいましたか。

次のように指導するとよい。


問い①の文を読みなさい。→「さむらいは、どのように刀をぬきましたか。」

「どのように」の続きを読みなさい。→「刀をぬきましたか」

「刀をぬきました」に線を引きなさい。↓「刀をぬきましたか」

文章の中から、「刀をぬきました」と同じ部分を探しなさい。↓「刀をぬいて」

線を引きなさい。↓「刀をぬいて」

答えは、「刀をぬいて」の前にあります。どのように刀をぬきましたか。↓「すらりと刀をぬいた」

「どのように」の部分だけ答えなさい。↓「すらりと」


どのように刀をぬきましたか、と問うと、「すらりと刀をぬいた」と答えるであろう。

そこでだめ押しをする。「どのように」に対応する部分だけを再度問うと「すらりと」が得られる。

6　理由、目的を問う問題の答え方

(1)できるだけ文章をそのまま書き写す

【教材文】

お父さんもお母さんも、今はもうどこを探してもいないのです。どうかすると泣きそうになる瑞枝を、千枝子たちは一生けんめいなぐさめました。

【問い】瑞枝が、どうかすると泣きそうになるのはなぜですか。


この問いに対して次の三つの答えが出されたとする。どのように採点するとよいか。
ア　お父さんもお母さんも、今はもうどこを探してもいないのです。
イ　お父さんもお母さんも、今はもうどこを探してもいないから。
ウ　お父さんもお母さんも、死んでしまったから。

授業で、答え方の指導がなされていない学級であれば、三つとも○になってしまうであろう。

問いを読み直してみよう。

「なぜですか」と問いかけている。「なぜ」の答えの文末は「から」「ので」「ため」でなければならない。従って、アは不正解である。

では、イ、ウは正解か。

これは書き抜く問題ではない。問いの文には「書き抜きなさい」「抜き出しなさい」「どのように書いていますか」とは書かれていない。従って、内容さえ合っていればよいことになる。が、私はイのみを正解としている。「今はもうどこを探してもいない」という表現から「死んだ」ことが予想されるのであるが、文中には書かれていないからである。

ウのような、表現を変えた答えを認めてしまうと、文章を正確に書き写さない、正確に読まない子どもが増えてしまうので、子どもたちにも次のように指導している。

> 文章に出ている言葉を勝手に変えてしまうと、意味まで変わってしまうことがあります。文章に書いてある通り書き写して、最後の部分だけ「……から。」と続くように書き直します。もちろん、漢字・カタカナ・句読点もそのまま書き写すようにします。

(2)理由と目的

第Ⅱ章で、理由を問われた場合は「から」「ので」「ため」、目的を問われた場合は文末を「ため」とする、と述べた。しかし、目的の場合は「ため」、それ以外は……、などと子どもたちに理屈で覚えさせるのは難しいと感じている。

それよりも、答えを書いたら、問いの文と答えの文を続けて読んでみておかしくないかどうかを確認する習慣を身に付けさせるべきだろう。「車たいがかたむかないようにするから。」「車たいがかたむかないようにするため。」と読んでみると、後者がよいことに気付くであろう。

7　要約（まとめる）問題の答え方

(1)テストに見られる要約問題

要約の問題は、テストの中では「要約しなさい」「簡単に書きなさい」「まとめて書きなさい」と書かれていることが多い。

ア　1の段落の要点（大切なこと）を書きなさい。
イ　〜の言葉は、どんな考えから生まれた言葉ですか。簡単に書きなさい。
ウ　フロンガスの分解によってオゾンが減少していく過程を、まとめて書きなさい。
エ　□にあてはまる言葉を、「テレビ」「時間」「番組」の三つの言葉を使って書きなさい。
オ　2の段落に小見出しを付けるとすると、どうなりますか。文章の中の言葉を使って書きなさい。
カ　この文章の小見出しとして、合うものに○をつけなさい。
キ　この文章は、何について説明していますか。一つに○をつけなさい。

小学校のテストでは、カ、キのように選択問題であることが多く、記述式の要約問題は非常に少ない（ア〜エ程度しか見あたらなかった）。また、第Ⅱ章でも述べたが小見出しを付ける問題は、オ、カのようにテストでは穴埋め式であったり選択問題であったりすることが多いので、この章では省略する。

二〇〇〇年より学力調査が始まり、ア〜エのような問題の出題も増えてきた。そのため、子どもも要約問題に慣れておく必要がある。

要約問題には字数制限がつきものだ。「何文字以内で」と字数が示される場合と、回答欄にマス目が書かれている場合がある。「ただし、句読点は字数に含めない。」というような断り書きがない限りは、句読点、記号も字数に含めることを指導する。

答え方の基本はそのまま書き写すことと何度も書いてきたが、要約の場合は内容や意味が合っていれば文言は変えても間違いにはならない。

さて、要約の方法は大きく分けて二種類ある。一つはキーワード方式（キーワードをつなげて要約文を作る方法）であり、一つはキーセンテンス方式（キーセンテンスを中心として要約文を作る方法）である。大雑把にいえば、物語文は前者、説明文は後者（段落ごとの場合は前者になることも多々ある）で行うとよい。

⑵要約指導の基本

A　キーワード方式（キーワードをつなげて要約文を作る）

物語文では、このキーワード方式が有効である。

向山洋一氏の「桃太郎」の要約指導がこれに当たる。次のような手順である。

《注釈》国語を専門的に研究されている方々の間では、説明文では「要約」、物語文では「粗筋」と分けて使われているようである。

①桃太郎のあらすじを言わせる。

②二十字以内で要約させる。

多くは「ももから生まれたもも太郎が、犬・さる・きじを連れておにが島に行って……」となる。

③キーワードを三つ探させる。

「もも太郎」「犬・さる・きじ」「おにたいじ」

「おにが島」なども出されるが、「おにたいじ」と重複する言葉があること、どちらがより重要かを検討させることにより絞っていく。

④選んだキーワードを使って二十字以内に要約させる。

二十字以内にするために思考が働く。子どもから「平仮名を漢字で書いてもよいか」と質問が出たらしめたものである。要約したりまとめたりするときには意味が同じであれば書き換えてよいことを教える。平仮名を漢字にする、別の言葉に置き換える、など。

大方、「桃太郎が、犬・猿・雉と共に鬼退治をした。」（二十字）となる。

⑤キーワードの中で最重要語句を最後にし、体言止めにさせる。

「桃太郎で終わる文に書き直しなさい。」と指示する。

「犬・猿・雉と共に鬼退治をした桃太郎。」（十八字）となる。

要約文をすべて体言止めにしなければならないのか、ということについては違和感のある方もいるだろう。実は私もそうである。それで質問したことがある。向山氏は「体言止めでなければいけない、というわけではない。だが字数が節約できる。自分は体言止めがいいと思っている。」と話していた。それで私は「絶対に」とは言わない。字数に困ったときのアイテムとして指導している。

⑥正しい要約文は、ほとんど同じ答えになることを理解させる。

字数を限定することで、不要な言葉がそぎ落とされるため、どの子どもの要約文も大体同じになる。教師が説明しなくとも「みんなほとんど同じじゃん。」と声が出る。

B　キーセンテンス方式（キーセンテンスを中心として要約文を作る）

説明文ではどうか。

段落ごとならキーワード方式で要約できる場合もある。が、うまくいかない場合もある。

説明文には、事例と作者の主張の部分がある。事例と主張では主張の方が重要であるが、キーワードのみを追っていくと、事例の部分の言葉に惑わされることもあるからだ。

そこで、キーセンテンス方式を使う。
①段落の中で重要な文（キーセンテンス）を探す。
作者の主張の現れている文である。事例は省く。
②キーセンテンスを使って、字数に合うように言葉を削ったり、付け加えたりする。
付け加える場合は、同じ段落の中の言葉である。
③キーセンテンスが並列で二つ以上ある場合は、それらを組み合わせる。
④文章全体の要約については、結論の段落のキーセンテンスを基とし、他の段落の重要語句を付け加える。
結論の段落のみの要約では、段落ごとの要約と同じになってしまう。あくまで文章全体の要約であるから、それ以外の段落の言葉を入れなければならない。

C　文字数を決める

ところで、文字数はどうやって決めるか。

まずは実際に自分で要約してみることである。要約した文が三十字であるならば、二十字で要約することを自分に課してみる。仮名を漢字にしたり、和語を漢語に直したりするのである。そこに思考が働く。二十字で書けたとしたら、子どもに解かせるなら少し余裕を与えて二十五字以内というように、子どもの学年や実態に合わせて決めていく。

教科書の文言をそのまま使って要約できる字数よりは少なく設定するとよい。

8　指示語の問題の答え方

⑴答えは指示語の前にある

まずは、指示語そのものがどのような場面で使われるのかを、子どもたちに理解させたい。次のような授業を試みた。

例文を板書し、書き写させる。行間に書き込むので、一行あけて書かせる。

《板書》第一小学校には、広い校庭があります。広い校庭では、いつもたくさんの子どもたちが遊んでいます。
広い校庭には、ブランコ、砂場、登り棒などがあります。

「何回も出てくる言葉に線を引きなさい。」と指示し、「広い校庭」に傍線を引かせる。
「何度も広い校庭と言うのはしつこいでね。二回目と三回目をこそあど言葉に書き直しなさい。」と指示し、傍線の右に「そこ」または「ここ」と書かせる。

《板書》第一小学校には、広い校庭があります。広い校庭《そこ》では、いつもたくさんの子どもたちが遊んでいます。
広い校庭《そこ》には、ブランコ、砂場、登り棒などがあります。

このように、前に出てきた言葉を言い換えたものをこそあど言葉（指示語）といいます。

指示語は、主に先に出てきた言葉を言い換えたものである。従って、指示語の指すものは基本的に指示語の前にある。稀に、指示語よりも後に出てきた言葉を指す場合もあるが、小学校のテストでの出題は見られなかった。

⑵代入して確かめる

主な答え方は第Ⅱ章で示した。
「ここ・そこ・あそこ」「これ・それ・あれ」は「名詞（体言止め）」で答える。
「この・その・あの」の場合は、第Ⅱ章で述べたが、「名詞（体言止め）＋の」で答える場合と、形容詞として答える場合がある。

一番大切なのは、書いた答えが合っているかどうかを確かめることである。

指示語の代わりに答えを入れて、一文を読んでみる。意味が通じればまず正解と考えてよいだろう。

道路をささえる部分に土を使うと、**その**重みで地すべりが起こるおそれがある。

「**その＝土**」とした場合　→　道路をささえる部分に土を使うと、**土**重みで……

「**その＝土の**」とした場合　→　道路をささえる部分に土を使うと、**土の**重みで……

となり、「土の」が正しいことが分かる。

9　接続語（接続詞・接続助詞）の問題

多くの場合、文に合うように接続語そのものを書き入れる（記号を選ぶ）問題である。この場合は、正直言って日常会話ができるのであれば答え方云々は必要ない。落ち着いて文を読み、つながりが不自然でないかどうかを読み取ることができれば答えられる問題である。授業では次のような練習をする。

「つまずいて転んだ。（　　　）ハチにさされた。」という問題文について、「（　）に入る言葉は、何ですか。」と問う。

出された答えを順に（　）に入れて読んでいく。

「つまずいて転んだ。（だから）ハチにさされた。」「つまずいて転んだ。（しかし）ハチにさされた。」「つまずいて転んだ。（そのうえ）ハチにさされた。」など。おかしな文になると子どもたちはゲラゲラ笑う。

体力勝負であるが、確実に答えを見つけられる方法である。

テストでは多くは選択肢問題であるので、次のような手順で答えを探す練習をする。

①選択肢を一つずつ、（　）に入れて読んでみる。
②確実なものから答えを書く。
③書き込んだ選択肢は×で消す。
④最後の問題も、残った選択肢のどれかを書き入れる。（正解の可能性がある。）

10　書き直し問題

書き直し問題で気を付けることは一つ。

書き直すべき項目以外は、形を変えてはいけない。

ということである。「述語の答え方」のページでも示したが、活用のある言葉については教材文と同じ形にしなければならない。例えば次のような点である。

ア　現在形か過去形か
イ　受身か能動か可能か
ウ　自動詞か他動詞か
エ　断定か伝聞か様態（推定）か
オ　常体か敬体か

具体的には、
ア（複合語に）とぶ＋はねる　→　（正答）とびはねる（誤答）とびはねた
イ（尊敬語に）言いました　→　（正答）おっしゃいました（誤答）おっしゃった、おっしゃいます
ウ（伝聞に）出場する　→　（正答）出場するそうだ（誤答）出場するそうです、出場したそうだ
エ（過去形に）こわす　→　（正答）こわした（誤答）こわれた、こわしました

ということである。

当然のことながら、漢字を平仮名に直してしまう（逆の場合も）なども、間違いである。

11 選択肢問題の答え方

選択肢付きの問題は、代入して答えを探すことを教える。選択肢の問題は国語に限らず、社会や理科にも見られる。特に社会のテストでは選択問題が多く、答え方指導の絶好の場となる。例えば次のような問題。

> 商店街では、（　　）をつくって雨をふせいだり、（　　）をしてお客さんをふやすくふうをしています。
> 〔道路・アーケード・多い・少ない・安売り〕

答えを選ぶときは、（　　）の中に一つ一つ言葉を入れて読んでみます。

商店街では、（道路）をつくって雨をふせいだり……

商店街では、（アーケード）をつくって雨をふせいだり……

商店街では、（多い）をつくって雨をふせいだり……


かなりおかしな文もできるため、子どもたちから笑いが起こる。


答えが分かったら（　　）に書きなさい。

この答えはもう使ってしまったので、×を付けて消しておきます。

問題を読んで答え方の説明をしながらさせると、十分でテストも終わってしまうし当然点数もアップする。

初めてテストで接続詞の問題が出てきたときもこのように指導している。

答え方を身に付けるテスト問題

使い方、解答・指導例は後ろにまとめてあります。
テストページは、B４大に拡大してお使いください。

	タイトル	右ページ対応学年（右ページのみ印刷）	配点	見開きページ（見開き印刷）	配点
1	かきぬく・かきだす	一〜三年	一問25点	四年以上	1〜4は一問10点、5〜8は一問15点
2	いつ・どこ・だれ・何	一、二年	一問20点	三年以上	一問10点 10は完答
3	どうする・どんなだ	一〜三年	一問25点	四年以上	一問10点
4	どんな○○・どういう○○	二〜三年	一問20点	四年以上	一問10点
5	どのように・どうやって	一〜三年	一問25点	四年以上	一問10点
6	理由　なぜ・どうして	一〜三年	一問25点	四年以上	1〜4は一問10点、5〜7は一問15点
7	要約・まとめる	（三年）	一問50点	四年以上	1 2は各20点、3 ①③は各10点、②④は各20点
8	指示語・こそあど言葉	一〜三年	一問20点	四年以上	一問10点
9	接続語・つなぎ言葉	一〜三年	一問20点	四年以上	一問10点
10	書き直し問題	なし		四年以上	1〜6は一問5点　7 10点
11	選択問題・えらぶ問題	一〜三年	4完答20点 他は各10点	四年以上	一問5点（4は完答）

1 「かきぬく」「かきだす」

名前　組　番

点

◆読《よ》んでこたえましょう。

おじいさんは、かぶのたねをまきました。

「あまいあまいかぶになれ。大きな大きなかぶになれ。」

あまいあまい、大きな大きなかぶができました。

おじいさんは、かぶをぬこうとしました。

「うんとこしょ、どっこいしょ。」

けれどもかぶは、ぬけません。

「大きなかぶ」（ロシア民話）より

1 とうじょうじんぶつを、文の中のことばでかきなさい。

2 どんなかぶができましたか。わかる文を、かき出しなさい。

3 かぶをぬくときのことばを、かきぬきなさい。

「　　　　」

4 かぶがどうなったのか、わかる文を、かき出しなさい。

ヒマワリは、六月下旬《げじゅん》から七月にかけて、黄色い大きな花を咲かせます。ですが、「大きな花」と思っているのは、実はたくさんの小さな花の集まりなのです。花びらの付いている舌状花《ぜつじょうか》と、花びらの付いていない管状花《かんじょうか》がたくさん集まって、一つの大きな花を形作っているのです。

つぼみができ始めたころのヒマワリは、茎《くき》の育ち方に特徴《とくちょう》が見られます。太陽の光の当たる反対側の茎が、光の当たる方の茎よりもよくのびるために、太陽に向かって曲がってしまうのです。

ヒマワリを漢字で「向日葵」と書くのは、太陽の方を向いて咲くように見えるので、そのように表されるようになったのでしょう。

しかし、太陽を追いかけて朝は東、夕方は西と曲がるのは成長が盛《さか》んなときだけで、花が咲くころにはほとんど動かなくなってしまいます。

5 「小さな花」の説明の部分を、書きぬきなさい。

6 「ヒマワリの茎の育ち方の特徴」が書かれている文の、始めと終わりの五字を書きなさい。

初め

終わり

7 ヒマワリを「向日葵」と書く理由をどのように書いていますか。

8 「成長が盛んなとき」のヒマワリの動きを書き出しなさい。

2 「いつ」「どこ」「だれ」「何《なに》」

名前

組　番

点

◆読《よ》んでこたえましょう。

しろくまの子

あるとき、しろくまの　ははおやは　子どもたちを　つれて、ひょうざんの　上で　あそんで　いました。

「おかあさんの　そばを、はなれては　いけません。」

と、いいきかせました。

けれど、一ぴきの　いう　ことを　きかぬ　子ぐまは、かってに　うみどりを　おいかけて　いました。

「しろくまの子」（小川未明）より

1 だいめいは、何《なん》ですか。

2 いつのおはなしですか。

3 どこであそんでいましたか。

4 だれのそばをはなれてはいけないのですか。

5 子ぐまは、何《なに》をおいかけていましたか。

月のいいばんでした。ごんは、ぶらぶら遊びに出かけました。中山様のおしろの下を通って、少し行くと、細い道の向こうから、だれか来るようです。話し声が聞こえます。チンチロリン、チンチロリンと、松虫が鳴いています。
ごんは、道のかたがわにかくれて、じっとしていました。話し声は、近くなりました。それは、兵十と、加助というお百姓でした。

「ごんぎつね」（新美南吉）より

6 いつのできごとですか。

□□□□□□

7 ごんは、どこを通って行きましたか。

□□□□□□□□□

8 松虫は、何と鳴いていますか。

□□□□□□□□□□□□□□

9 ごんは、どこにかくれましたか。

□□□□□□

10 だれとだれの、話し声ですか。二人書きなさい。（完答）。

□□　□□

3 「どうする」「どんなだ」

名前　　　組　　　番

点

◆読《よ》んでこたえましょう。

かけっこで一とうになり、弟《おとうと》はとび上がってよろこんだ。

たろうが家《いえ》にもどってみると、町のようすはすっかりかわっていた。

春《はる》になると、草花《くさばな》がめを出し、かえるが土の中からかおを出す。

1 弟は、とび上がってどうしましたか。

□□□□□□。

2 たろうが家にもどったとき、町のようすはどうなっていましたか。

3 春になると、草花やかえるはどうしますか。

草花……　□□□す。

かえる……

「おには、外。ふくは、内。」
豆がまかれるたびに、子どもたちはきそい合って拾いました。

わたしは、川で魚を追いかけることに夢中になっていました。気がつくと、太陽は西にかたむき、あたりは夕焼けで赤く染まっていました。

晴れた日の夕方、せみの幼虫は地上に出て木の幹を登っていきます。敵におそわれないよう、暗くなると羽化が始まるのです。やがて、背中が割れると白い成虫が出てきます。

4 豆がまかれると、子どもたちはどうしましたか。

った。

5 わたしが気がついたときのようすは、どうなっていましたか。二つ書きなさい。

いた。

6 せみの幼虫は、地上に出たあと、どうしますか。

7 暗くなると、どうなりますか。

8 背中が割れると、どうなりますか。

4 「どんな○○」「どういう○○」

名前

組　番

点

◆読《よ》んでこたえましょう。

川のほとりに、一本の大きなくるみの木が立っていました。その下にありがすをつくりました。どちらを見まわしても、広々としたはたけでありましたので、ありにとっては、大きな国であったにちがいありません。

そこは、思ったよりもいいところでした。うつくしい花がさいていました。きれいな草のはえているおかもありました。

「三匹のあり」（小川未明）より

1 川のほとりに、どんなくるみの木が立っていましたか。

くるみの木。

2 すのまわりは、どんなはたけでしたか。

。

3 ありにとっては、どんな国でしたか。

4 そこは、どんなところでしたか。

5 どんなおかが　ありましたか。

ある死火山のすそ野のかしわの木のかげに、「ベゴ」というあだ名の大きな黒い石が、ながいことじいっとすわっていました。

「ベゴ」という名は、その辺の草の中にあちこち散らばった、かどのあるあまり大きくない黒い石どもが、つけたのでした。（略）

ベゴ石は、かどがなくて、ちょうど卵の両はじを、少しひらたくのばしたような形でした。そして、ななめに二本の石の帯のようなものが、からだを巻いてありました。非常に、たちがよくて、一ぺんもおこったことがないのでした。

それですから、深いきりがこめて、空も山も向こうの野原もなんにも見えずたいくつな日は、かどのある石どもは、みんな、ベゴ石をからかって遊びました。

「気のいい火山弾」（宮沢賢治）より

6 「ベゴ」とは、どんな石ですか。

7 「ベゴ」という名をつけたのは、どんな石どもですか。

8 ベゴ石はどんな形ですか。二つに分けて書きなさい。

形。

9 かどのある石どもは、どんな日にベゴ石をからかったのですか。

5 「どのように」「どうやって」

名前　　組　　番

点

◆読《よ》んでこたえましょう。

たけのこは、はじめじべたの下にいて、あっちこっちへくぐって行《い》くものであります。そして、雨がふったあとなどに、ぽこぽこと土から、あたまを出すのであります。

「たけのこ」（新美南吉）より

さわやかなあきのかぜは、女の子のかおをやさしくなでて　とおりすぎました。みちばたには、コスモスの花が、ゆめでも見ながら　ねむっているように　さいていました。女の子はかぜにさそわれて、コスモスののはらに　すいこまれていきました。

1 たけのこは、あっちこっちへ　どうやって行《い》くものですか。

2 たけのこは、どのように　土からあたまを　出しますか。

3 あきのかぜは、どうやって　とおりすぎましたか。

4 コスモスの花は、どのようにさいていましたか。

四人はそこでよろこんで、背中の荷物をどしんとおろして、それから来た方へ向いて、高く叫びました。

「おおい、おおい。ここだぞ。早く来お。早く来お。」

すると向こうのすすきの中から、荷物をたくさんしょって、顔を真っ赤にしておかみさんたちが三人出て来ました。見ると、五つ六つより下の子どもが九人、わいわい言いながら走ってついて来るのでした。

そこで四人の男たちは、てんでにすきな方へ向いて、声をそろえて叫びました。

「ここへ畑起してもいいかあ。」

「いいぞお。」

森が一せいにこたえました。

「おいの森とざる森、ぬすと森」（宮沢賢治）より

5 四人は、背中の荷物をどのようにおろしましたか。

6 おかみさんたちは、どのようにして出て来ましたか。二つに分けて書きなさい。

7 九人の子どもは、どうやってついて来るのですか。

8 四人の男たちは、どうやって叫びましたか。二つに分けて書きなさい。

6 「理由」「なぜ」「どうして」

名前　組　番　点

◆読《よ》んでこたえましょう。

ダンプカーは、じゃりをはこぶしごとをしています。

そのために、大きなシャベルがついています。おもいじゃりをのせるダンプカーには、大きなタイヤがたくさんついています。

せいそう車は、ごみをあつめるしごとをしています。

あつめたごみを入れるために、大きなごみばこがついています。たくさんのごみをおしこむために、かいてんばんがついています。

1 ダンプカーにシャベルがついているのは、なぜですか。

から。

2 ダンプカーに、タイヤがたくさんついているのは、なぜですか。

3 せいそう車に、ごみばこがついているのは、どうしてですか。

ため。

4 せいそう車に、かいてんばんがついているわけを、かきなさい。

セミは、幼虫の時は長い間土の中にいて、成虫になると一週間ほどで死んでしまうといわれている。どのくらいの期間土の中で過ごすのだろうか。また長い期間、地中で過ごすのはなぜだろうか。

　以前は人工飼育ができなかったために正確な寿命《じゅみょう》は分からなかったらしい。最近は、ミンミンゼミやアブラゼミは二〜四年地中で過ごし、地上に出てからも一か月近く生きるということが分かってきた。

　地中にいる幼虫は、木の根の樹液をえさとしている。樹液の栄養が少なく、成長するまでの時間がかかる。それで、長い間地中にいるというわけだ。

　長い期間地中にいるのに対し、なぜ地上では短期間しか生きないのか。それは、成虫の使命が子孫を残すことにあるからではないだろうか。交尾と産卵をするのに必要な期間、生きるのである。

5　セミの正確な寿命が分からなかったのはなぜですか。

6　幼虫が長い間地中にいるのはどうしてですか。

7　成虫が、地上では短期間しか生きない理由を、二か所さがして書きなさい。

7 「要約《ようやく》」「まとめる」

名前　　組　　番

点

◆読んでこたえましょう。

おせち料理を食べたことがありますか。おせち料理には、こんぶやくり、豆などが入っています。

こんぶは「よろこぶ」、くりは「勝ちぐり」、豆は「まめにはたらく」といって、えんぎのよい食べ物ばかりです。人々のしあわせをねがって作られるのです。

オナモミって知っていますか。二センチほどの大きさで、実のまわりにたくさんのとげがついています。

とげがついていると、犬などの動物の毛にからみつきやすくなります。遠くに運んでもらい、そこで新しい芽を出し、なかまをふやすことができるのです。

1 おせち料理とは、どんな料理ですか。「えんぎ」「しあわせ」という言葉を使って、三十字以内でまとめなさい。

2 なぜオナモミにはとげがついているのですか。「動物の毛」「運ぶ」という言葉を使って、二十五字以内で書きなさい。

※「運ぶ」は、「運び」「運んで」のようにかえてよい。

一　「はにわ」というのは、土で作った素焼《すや》き円筒のことである。用途《ようと》は大きい前方後円墳《ふん》の周囲の垣根《かきね》であった。この素焼きの円筒の中には、上部をいろいろな形に変化させたものがある。その形は人間生活において重要な意味を持っているもの、また人々が日ごろなれ親しんでいるものを現わしている。家とか道具とか家畜《ちく》とか鳥とか人物とかである。

二　伝説では、殉死《じゅんし》の習慣をなくすためにははにわ人形を立て始めたということになっている。が、とにかく、死者をなぐさめようとする意図に基づいたものであることは、まちがいのないところであろう。「はにわ」の形の中にはなかなかおもしろいのがある。それをわれわれは、わが国の古墳時代の造形美術《ぞうけいびじゅつ》として取り扱《あつか》うことができるのである。

「人物埴輪の眼」（和辻哲郎）より部分引用

3　上の文章を要約します。

①　一の段落の、キーセンテンス（重要な文）を一つ見つけて——を引きなさい。

②　①の文にいくつか言葉をおぎなって、一の段落を三十字以内で要約しなさい。

③　二の段落の、キーセンテンスを一つ見つけて——を引きなさい。

④　③の文にいくつか言葉を加えて、二の段落を三十字以内で要約しなさい。

※殉死…主人の死を追って、臣下などが死ぬこと。

8 「指示語《しじご》」「こそあど言葉《ことば》」

名前　　組　　番

点

1 ――のこそあど言葉のさすものを、書きなさい。

① 花だんに赤い花がさきました。それはチューリップでした。

② だい一こうえんであそぼうね。そこに三じにしゅうごうね。

③ にじいろの手ぶくろを買ってもらいました。これはわたしのお気に入りです。

④ 村のはずれに大きなくりの木がはえています。そのねもとに、モグラがあなをほりました。

⑤ 人にやさしくしなさい。そうすれば、友だちがたくさんできます。

①
②
③
④
⑤

2 ――の指示語の指すものを、書きなさい。

⑥ ジョバンニは町のはずれから遠く黒くひろがった野原を見わたしました。そこから汽車の音が聞えてきました。

⑦ がさがさした、けれども親切そうな、大人の声が、二人のうしろで聞えました。それは、茶いろの少しぼろぼろの外とうを着て、白いきれでつつんだ荷物を、二つに分けて肩にかけた、赤ひげのせなかのかがんだ人でした。

⑧ 長い期間地中にいるのに対し、なぜ地上では短期間しか生きないのか。それは、成虫の使命が子孫を残すことにあるからではないだろうか。

⑨ 「はにわ」というのは、土で作った素焼き円筒のことである。この素焼きの円筒の中には、上部をいろいろな形に変化させたものがある。

⑩ 私の生まれた部落では、祭をいとなむ神社が二つあった。その一つは鎮守さんといってとなりの町にある。

⑥

⑦

⑧

⑨

⑩

9 「接続語《せつぞくご》」「つなぎ言葉《ことば》」

名前　　組　　番

点

1 （　）に 入《はい》る ことばを □ から えらんで 書《か》きなさい。（あまるものも あります。）

① たくさんべんきょうをした。（　　　　）テストは百《ひゃく》 点《てん》だった。

② 夜《よ》ふかしをした。（　　　　）、早《はや》おきができた。

③ ハンバーグとカレーライスをたべた。（　　　　）ラーメンもたべた。

④ プールに行《い》きたいですか。（　　　　）サイクリングに行《い》きたいですか。

⑤ 夏休《なつやす》みも、のこり少《すこ》しですね。（　　　　）しゅくだいはおわりましたか。

だけど	それとも	つまり	だから	ところで	そのうえ

2 上の文に続く文を下からさがし、――でつなぎなさい。（あるものもあります。）

①北海道旅行の計画を立てた。　・　　・　㋐けれども、予定通り運動会は行われた。
②宿題を忘れてしまった。　・　　・　㋑しかも、絵画コンクールにも入賞した。
③雨が降ってきた。　・　　・　㋒または、映画を見に行きます。
④そろばんの試験に合格した。　・　　・　㋓つまり、今日は、居残りということだ。
　　・　㋔だから、今からとても楽しみだ。

3 次の二つの文を、〈ので・また・のに〉のどれか一つを使って、一つの文に書き直しなさい。

待ち合わせの場所で三十分待った。しかし、友達はまだ来ない。

10 「書き直し問題」

名前　　組　　番

点

1 ——の部分を、（　　）の言い方に直して □ に書きなさい。

① （常体に）博物館に、見学に行きます。

② （過去形に）ジェットコースターに乗ります。

③ （人から聞いた言い方に）来週、転校生が来ます。

④ （自分がされた言い方に）友だちにボールをぶつけた。

2 「　　」の言葉を、下の文に合う形にして、（　　）に書きなさい。

① 「歌う」……昔の歌だが、母なら（　　　　）。

② 「のびる」……試合開始を、一時間ほど（　　　　）。

③ 「さそう」……虫さがしに行こうと、友だちに（　　　　）。

3　言葉が正しく呼応するように、——の言葉を直して（　　）に書きなさい。

① たとえ試合に勝ったら、うれしくない。（　　）

② 決して、まちがえることはある。（　　）

③ 君の走り方は、まるでかもしかが走るそうだ。（　　）

4　——の言葉をそんけい語かけんじょう語に直して（　　）に書きなさい。

① お客さんは、居間にいます。（　　）

② 家族そろって、お宅へ行きます。（　　）

③ 先生から本をもらった。（　　）

5　「考える→考え」のように、動詞を名詞に直しなさい。

① かがやく（　　）

② 泳ぐ（　　）

③ 話し合う（　　）

6　二つの言葉を一つにして、複合語を書きなさい。

① 飛ぶ＋散る（　　）

② あばれる＋回る（　　）

7　次の二つの文を、一つの文に書き直しなさい。

星がかがやいている。松の木の上で。

11 「選択《せんたく》問題《もんだい》」「えらぶ問題《もんだい》」

名前　　組　　番

点

1 （　）に　あう　ことばを、[　　]から　えらんで　かきなさい。

① たねを（　　　）。

② でんきを（　　　）。

③ おちゃを（　　　）。

はる　けす
かく　のむ
まく　とぶ

2 （　）に　あう　ことばを、[　　]から　えらんで　かきなさい。

① 本を（　　　）で　よむ。

② 手あての（　　　）で　なおる。

しんぱい　むちゅう　おかげ

3 「とり」のように、まとめて　いう　名まえを　三つ　さがして、○で　かこみなさい。

はと　いわし　やさい　あめ　なす
いちご　さかな　ライオン　くだもの

4 つぎの　文を、ただしい　じゅんに　ならべて　きごうを　かきなさい。

㋐ そこで　あたらしい　めを出し、なかまを　ふやすのです。

㋑ どうぶつの毛などに　とげがからみついて、とおくに　はこばれていきます。

㋒ オナモミの　実《み》には、たくさんのとげがついています。

（　　）→（　　）→（　　）

5 ――の言葉と「呼応」する言葉を□から選び、記号を書きなさい。

①（　）勉強をしなければいけないのだろう。
②（　）実験は成功するだろう。
③（　）だれかに背中を押されているようだ。
④（　）失敗しても、またやり直せばいいさ。

ア たとえ　イ どうか
ウ なぜ　エ 多分　オ まるで

6 ――の言い方は□のどれに当たりますか。（　）に記号を書きなさい。

①年々、砂ばく化が進んでいるそうです。（　）
②人間の生活と、関わりがあるようです。（　）

ア おし量って述べる。　イ 事実を述べる。
ウ 伝え聞いたことを述べる。

7 次の言葉の意味を□から選び、記号を書きなさい。

①目標……（　）　②希望……（　）

ア はたさなければならない仕事。
イ 願い。明るい見通し。
ウ なしとげようとする、めあて。
エ 実際に願いがかなうこと。

8 ――の言葉と同じ意味で使われている文を□から選んで、記号を書きなさい。

（　）卒業を間近にひかえて、何かといそがしい。
（　）念のため、発表の要点をひかえておこう。
（　）傷が治るまで、練習はひかえたほうがいい。

ア できるだけ発言をひかえる。
イ となりの部屋にひかえる。
ウ 手帳に電話番号をひかえる。
エ 試合を五日後にひかえる。

1 「かきぬく」「かきだす」

【使い方】

一〜三年生は右ページのみを印刷し、一問25点で百点満点、四年生以上は見開きで印刷し、1〜4は一問10点、5〜8は一問15点で百点満点。

【解答】

1 おじいさん
2 あまいあまい、大きな大きなかぶになりました。
3 「うんとこしょ、どっこいしょ。」
4 けれどもかぶは、ぬけません。
5 花びらの付いている舌状花と、花びらの付いていない管状花
6 太陽の光の〜うのです。
7 太陽の方を向いて咲くように見えるので、そのように表されるようになったのでしょう。
8 太陽を追いかけて朝は東、夕方は西と曲がる

【指導例】

① 読みます。「かきぬく」「かきだす」（子ども復唱）このように書いている問題は、そのまま書き写します。

◆を指で押さえなさい。みんなで読みます。「読んでこたえましょう。」（一斉読み）
上の文を読みます。（追い読み、あるいは一斉読みをする。）

②
1の問題文を読みます。「とうじょうじんぶつを、文の中のことばでかきなさい。」（一斉読み）
「文の中のことば」を○で囲みなさい。
登場人物とは、出てくる人のことです。出てくる人をさがして、線を引きなさい。（「おじいさん」に線を引く。）
答えをマスに書きなさい。一文字書き間違えても×です。見直しなさい。

③
2の問題文を読みます。「どんなかぶができましたか。わかる文を、かき出しなさい。」（一斉読み）

「かき出し」を○で囲みなさい。

答えの文を見つけて、線を引きなさい。（「あまいあまい、大きな大きなかぶになりました。」に線を引く。）

会話文に引く子どももいると考えられるが、「かぶができる前」なので答えではないことを確認する。また、文の一部に線を引く子どももいると考えられるので、全員で確認した方がよいだろう。

答えをマスに書きなさい。点や丸も一マスに書きます。マスが余ったり足りなかったりしたら、どこかに間違いがあります。

④
すべてについて説明する必要はないが、子どもの実態や、問い方の違うものなど、必要に応じて説明を加える。


実際のテストでは、一年生の書き抜き問題は見られない。発達段階を考え、単語に近い、ごく短い言葉で答えられる問題を中心に作られているためであろう。となると、書き抜き問題も「部分を書き抜く」ことにならざるを得ない。

しかし、文や会話文など、答えが限定される書き抜き問題なら可能である。テストには出題されていなくても、視写などは授業でも行われているからだ。

「問いの文を書きぬきなさい。」など、授業の中でも積極的に取り入れることで「書き抜く」「書き出す」などの言い回しにも慣れ、答え方にも慣れてくるであろう。

2 「いつ」「どこ」「だれ」「何」

【使い方】
一、二年生は右ページのみを印刷し、一問20点で百点満点、三年生以上は見開きで印刷し、一問10点で百点満点。

【解答】
1 しろくまの子 2 あるとき 3 ひょうざんの上 4 おかあさん 5 うみどり 6 月のいいばん
7 中山様のおしろの下 8 チンチロリン、チンチロリン 9 道のかたがわ 10 兵十、加助（順不同）

【指導例】
① 読みます。「いつ」「どこ」「だれ」「何」（子ども復唱）
◆を指で押さえなさい。みんなで読みます。「読んでこたえましょう。」（一斉読み）
上の文を読みます。（追い読み、あるいは一斉読みをする。）
② 1の問題文を読みます。「だいめいは、何ですか。」（一斉読み）
「何」を○で囲みなさい。
答えの分かるところをさがして、線を引きなさい。（「しろくまの子」に線を引く。）
答えをマスに書きなさい。
③ 同様に、問いを読み「いつ」「どこ」「だれ」「何」を○で囲ませ、関連する教材文の答え部分に傍線を引かせ、答えを書き込ませる。

④　6の問題文を読み、「いつ」を○で囲む。教材文に傍線を引かせると「ばん」に引く子どもが多いであろう。「解答欄のマス目を数えなさい。」「マス目に合うように、どんなばんか詳しくする言葉を付け加えなさい。」「最後が、ばんで終わるように書きます。」等のステップを踏むとよい。
⑤　すべてを説明する必要はない。子どもの様子を見ながら、自力で解けそうであれば自分で解かせる。
⑥　「いつ」「どこ」「だれ」「何」の答えは、名詞（物の名前）で答えます。解答欄が大きいときは、詳しくする言葉を付け加えます。

一般的なテストでは、解答欄は（　　）になっているものが多い。ここに示したテストも、（　　）の解答欄で出題することもできる。が、そうするとどうなるか。おそらく、6、7、8、9は複数の答えが出されることになる。

6は、ばん／月のいいばん　等
7は、中山様のおしろの下／中山様のおしろ／おしろ／おしろの下　等
8は、チンチロリン、チンチロリン／チンチロリンチンチロリン／チンチロリン　等
9は、道／道のかたがわ　等

マス目にするとどうか。マス目が余ったり足りなくなったりすると間違いであることに気付く。それではみんな正解が分かってテストにならないだろう、と思うかもしれない。だが、間違いに気付けば正しい答えを探そうと再度教材文を見直すことになるだろう。（　　）の解答欄では、間違いに気付かないから、一度書いてしまえば終わりである。どんなに「見直しをしなさい。」と声をかけても、子どもは正解を書いたと思い込んでいるから注意深く見ることはしない。

さらに、漢字を平仮名にして書くなど、正確に書き写さなければ字数も違ってしまう。マス目にすることで、正確に書き写さなければいけない、という、答え方の基本も身に付くのである。

どちらが力が付くかは明白であろう。

3 「どうする」「どんなだ」

【使い方】
一～三年生は右ページのみを印刷し、一問25点で百点満点、四年生以上は見開きで印刷し、一問10点で百点満点。

【解答】
1 よろこんだ。 2 すっかりかわっていた。
3 めを出す。 土の中からかおを出す。
4 きそい合って拾った。
5 太陽は（が）西にかたむいていた。 あたりは夕焼けで赤く染まっていた。
6 木の幹を登っていく。 7 羽化が始まる。 8 白い成虫が出てくる。

【指導例】
① 読みます。「どうする」「どんなだ」（子ども復唱）
◆を指で押さえなさい。 みんなで読みます。「読んでこたえましょう。」（一斉読み）
上の文を読みます。（追い読み、あるいは一斉読みをする。）
② 1の問題文を読みます。「弟は、とび上がってどうしましたか。」（一斉読み）
「どうしました」を○で囲みなさい。
問題文にヒントが隠れています。

上の文章の中から「弟は、とび上がって」と書いてある文を探して、指で押さえなさい。

「どうしました」の部分に、線を引きなさい。（「よろこんだ」に線を引く。）

答えをマスに書きなさい。

③ 3の問題文を読みます。「春になると、草花やかえるはどうしますか。」（一斉読み）
「どうします」を○で囲みなさい。

問題文と同じ言葉の書いてある文を、指で押さえなさい。

「どうします」の部分に、線を引きなさい。（「めを出し」「かおを出す」に線を引く。）

答えをマスに書きますが、「めを出し。」では変ですね。答えを書くときは、言い切りの形「めを出す。」で書きます。「かおを出す。」も、そのまま言い切りの形「かおを出す。」と書きます。

④ 同様に、問いを読み「どうした」「どうなった」の部分を○で囲ませる。
教材文から、同じ言葉が使われている文を探させる。

答えに当たる部分に傍線を引かせ、答えを書き込ませる。

⑤ すべてを説明する必要はないが、文末を変形させる必要のある場合は一斉指導する。

⑥ 「どうする」「どんなだ」の答えは、動詞（動きを表す言葉）で答えます。「します」「しました」と丁寧に（敬体で）書かれているときは、「する」「した」という、言い切りの形（常体）で書くのが普通です。

過去形、現在形などの、教材文と同じ文末の形にすることについては、一時に説明するのは大変なので、間違った答えを見つけたときに取り上げて指導する。（学年や子どもの実態に応じて）

例えば、「めを出す。」とすべきところを「めが出る。」と書いた子どもがいたとすると、

「出す」「出る」の違いを説明しなさい。

と問い、意味の違いに気付かせていく。

4 「どんな○○」「どういう○○」

【使い方】
二〜三年生は右ページのみを印刷し、一問20点で百点満点、四年生以上は見開きで印刷し、一問10点で百点満点。

【解答】
1 一本の大きなくるみの木。
2 広々としたはたけ。 3 大きな国。
4 思ったよりもいいところ。
5 きれいな草のはえているおか。
6 大きな黒い石。
7 かどのあるあまり大きくない黒い石ども。
8 かどがない形。卵の両はじを、少しひらたくのばしたような形。
9 深いきりがこめて、空も山も向こうの野原もなんにも見えずたいくつな日。

【指導例】
① 読みます。「どんな○○」「どういう○○」（子ども復唱）
◆を指で押さえなさい。みんなで読みます。「読んでこたえましょう。」（一斉読み）
上の文を読みます。（追い読み、あるいは一斉読みをする。）

② 1の問題文を読みます。「川のほとりに、どんなくるみの木が立っていましたか。」（一斉読み）
「どんなくるみの木」を○で囲みなさい。

問題文にヒントが隠れています。

上の文章の中から「川のほとりに」と書いてある文を探して、指で押さえなさい。

「どんなくるみの木」の部分に線を引きなさい。（「一本の大きなくるみの木」に線を引く。）

「大きなくるみの木」に線を引く子どももいると考えられる。

「線を引いた字数と、マスの数は同じになっていますか。」と確認させ、答えをマスに書かせる。

③ 同様に、問いを読み「どんな○○」「どういう○○」の部分を○で囲ませる。
教材文から、同じ言葉が使われている文を探させる。

答えに当たる部分に傍線を引かせ、答えを書き込ませる。

⑤ すべてを説明する必要はないが、問題によっては取り上げて一斉指導する。

5 「どのように」「どうやって」

【使い方】

一～三年生は右ページのみを印刷し、一問25点で百点満点、四年生以上は見開きで印刷し、一問10点で百点満点。


【解答】
1 くぐって。　2 ぽこぽこと。
3 女の子のかおをやさしくなでて。

4 ゆめでも見ながらねむっているように。 5 どしんと。
6 荷物をたくさんしょって。顔を真っ赤にして。
7 わいわい言いながら走って。
8 てんでにすきな方へ向いて。声をそろえて。

【指導例】

① 読みます。「どのようにして」「どうやって」（子ども復唱）
◆を指で押さえなさい。みんなで読みます。「読んでこたえましょう。」（一斉読み）
上の文を読みます。（追い読み、あるいは一斉読みをする。）

② 1の問題文を読みます。「たけのこは、あっちこっちへどうやって行くものですか。」（一斉読み）
「どうやって」を○で囲みなさい。

問題文にヒントが隠れています。どうやっての続きを読みなさい。「行くものですか。」

どうやっての続きの「行くものですか」が、ヒントです。

上の文章の中から「行くものです」と同じ言葉を探して、指で押さえなさい。

文には何と書いてありますか。「行くものであります。」

「行くものであります」に線を引きなさい。

答えは、「行くものであります」の前にあります。「どうやって……（間）……行くものですか」。

「あっちこっちへくぐって」と答える子どももいると思われる。そのときは、「どうやって」のところだけ答えます。

「あっちこっちへ」は「どこに」ですから、違いますね。と説明する。（「くぐって」を○で囲ませる。）

答えをマスに書きなさい。

③ 同様に、問いを読み「どのように」「どうやって」の部分を○で囲ませる。

④　述部に当たる部分に線を引かせ、同じ述部を教材文から探して線を引かせる。線を引いた部分の前を読ませ、答えに当たる部分を○で囲ませた後、答えを書き込ませる。すべてを説明する必要はないが、問題によっては取り上げて一斉指導する。

6　「理由」「なぜ」「どうして」

【使い方】

一～三年生は右ページのみを印刷し、一問25点で百点満点、四年生以上は見開きで印刷し、1～4は一問10点、5～7は一問15点で百点満点。

【解答】

1 じゃりをはこぶから。　2 おもいじゃりをのせるから。

3 あつめたごみを入れるため。

4 たくさんのごみをおしこむため。　5 人工飼育ができなかったため。

6 樹液の栄養が少なく、成長するまでの時間がかかるため。

7 成虫の使命が子孫を残すことにあるから。交尾と産卵をするのに必要な期間、生きるので。（「から・ので・ため」のいずれかが付いていれば正答とする。）

【指導例】

①　読みます。「理由」「なぜ」「どうして」（子ども復唱）

②
◆を指で押さえなさい。みんなで読みます。「読んでこたえましょう。」（一斉読み）
上の文を読みます。（追い読み、あるいは一斉読みをする。）
[1]の問題文を読みます。「ダンプカーにシャベルがついているのは、なぜですか。」（一斉読み）
「なぜ」を○で囲みなさい。

問題文にヒントが隠れています。「シャベルがついている」と書いてある文を探します。

答えは、その前か後ろに書かれています。

なぜか分かるところに線を引きなさい。（「じゃりをはこぶ」に線を引く。）

答えをマスに書きなさい。

「なぜ」と聞かれたら答えの最後は何と書きますか。

書いた答えを、（心の中で）読みなさい。

③
同様に、問いを読み「なぜ」「どうして」「わけ」「理由」の部分を○で囲ませる。

教材文から、同じ言葉が使われている文を探させる。

文の前後から答えに当たる部分に傍線を引かせ、答えを書き込ませる。

書いた答えがよいかどうか、心の中で読ませる。

④
すべてを説明する必要はないが、問題によっては取り上げて一斉指導する。

理由や目的を問う発問の形はこの程度である。繰り返し指導すれば、答え方は比較的早く身に付くようである。

7 「要約」「まとめる」

【使い方】
四年生以上向きであるが、三年生で扱うなら右ページのみを印刷し、各50点で百点満点。
四年生以上は見開きで印刷し、1～2は各20点、3①③は一問10点、②④要約文各20点の百点満点。

【解答（1、2、3②④は解答例）】
1 えんぎのよい食べ物を使って、しあわせをねがって作られる料理。
人々のしあわせをねがい、えんぎのよい食べ物で作られる料理。
2 動物の毛にからみつきやすくし、運んでもらうため。
動物の毛にくっついて運ばれ、なかまをふやせるから。
※平仮名を漢字にしたもの、読点を省いたものも正答。
3 ①（キーセンテンス）その形は人間生活において重要な意味を持っているもの、また人々が日ごろなれ親しんでいるものを現わしている。
②（要約文）「はにわ」の形は、人間生活の重要なもの等を現わしている。
はにわの形は、人々がなれ親しんでいるものを現わしている。
③（キーセンテンス）それをわれわれは、わが国の古墳時代の造形美術として取り扱うことができるのである。
④（解答例）形のおもしろいはにわは、わが国の造形美術として取り扱える。
形のおもしろいはにわは、古墳時代の造形美術として取り扱える。

【指導例】
① 読みます。「要約」「まとめる」（子ども復唱）
② 教材文を読ませる。（一斉読みまたは追い読みをする。）

③ 1の問題文を読みます。「おせち料理とは、どんな料理ですか。『えんぎ』『しあわせ』という言葉を使って、三十字以内でまとめなさい。」（一斉読み）
問題文にキーワードが書かれています。何ですか。（答えさせる。）

④ 解答欄のマス目は三十マスあります。句点まで入れて三十字以内です。でも、少なすぎてもいけません。二十字より少なくてまとめられるなら、「二十字以内で」と書かれるはずです。（二十五字〜三十字で答えることを確認する。）

⑤ 「要約（まとめる）」ですから、意味が変わらなければ、文章を少し書き換えてもいいのです。字数に合うようよく数えて書きなさい。（答えを書かせる。）

⑥ 2のキーワードについては「動物の毛」「運ぶ」と確認した後、「運ぶは、運んで、運びますのように形を変えて使ってもいいのです。」と説明を加える。

⑦ 一の教材文を読ませる。

⑧ 3①の問題文を読みます。説明文なのでキーセンテンス方式です。重要な文を一つ探して、線を引きなさい。

⑨ 「文」を意識しているか確認する。実態に応じて、読ませる。

⑩ 選んだ文とは違う文の中から必要な言葉を選ばせ、組み合わせて要約文を書かせる。

⑪ 指定字数ぎりぎりになるように考えさせる。

⑫ 誤字、脱字のないよう、読み返しながら答えを書くよう声をかける。

⑬ すべてを説明する必要はないが、実態に応じて一斉指導を行う。

【使い方】
一～三年生は右ページのみを印刷し、一問20点で百点満点、
四年生以上は見開きで印刷し、一問10点で百点満点。

【解答】
1 ①赤い花　②だい一こうえん　③にじいろの手ぶくろ　④大きなくりの木の　⑤人にやさしく
2 ⑥遠く黒くひろがった野原　⑦がさがさした、けれども親切そうな、大人の声
⑧長い期間地中にいるのに対し、なぜ地上では短期間しか生きないのか
⑨土で作った　⑩祭をいとなむ神社の

【指導例】
① 読みます。「指示語」「こそあど言葉」（子ども復唱）
② 1の問題文を読みます。「――のこそあど言葉のさすものを、書きなさい。」（一斉読み）
「①花だんに赤い花がさきました。それはチューリップでした。」「それの、さすものに線を引きなさい。」
「赤い花」に線を引く。
③ 「それ」の代わりに「赤い花」を入れて読みましょう。
「花だんに赤い花がさきました。赤い花はチューリップでした。」
④ ④については、「おおきなくりの木」とする子どもがいると思われる。そこで、「その」に代入して読ませる。
「大きなくりの木ねもとに」となり、「の」を付けることに気付く。
⑤ こそあど言葉（指示語）の問題は、答えを入れて意味が通じるようにすればいいのです。
答えをマスに書きなさい。

⑥ すべてを説明する必要はないが、問題によっては取り上げて一斉指導する。

9 「接続語」「つなぎ言葉」

【使い方】

一〜三年生は右ページのみを印刷し、一問20点で百点満点、

四年生以上は見開きで印刷し、一問10点で百点満点。

【解答】

1 ①だから　②だけど　③そのうえ　④それとも　⑤ところで

2 ①㋔　②㋓　③㋐　④㋑

3 待ち合わせの場所で三十分待ったのに、友達はまだ来ない。

【指導例】

① 読みます。「接続語」「つなぎ言葉」（子ども復唱）

② 1の問題文を読みます。「（　）に入ることばを［　］からえらんで書きなさい。（あまるものもあります。）」

（一斉読み）

③ ①に「だけど」を入れて読みます。

「それとも」「つまり」と、一つずつ入れて読ませていくと、「だから」が正しいことが分かる。

④（　）に「だけど」を書きます。「だけど」は使ったので、×を付けます。（　）に［　　］の言葉を一つずつ入れて読んでいくと、答えが分かります。はっきり分からないものは後回しにします。最後に残ったもののどちらかが答えだと分かります。

⑤すべてを説明する必要はないが、問題によっては取り上げて一斉指導する。

⑥［2］のように、線でつなぐ問題は、少なくとも学校では定規を使わせる。

10「書き直し問題」

【使い方】

四年生以上向き。見開きで印刷し、［1］～［6］は各5点、［7］は10点で百点満点。

【解答】

［1］①行く（。）　②乗りました（。）　③来るそうです（。）　④ぶつけられた（。）

［2］①歌える　②のばす　③さそわれる

［3］①ても　②ない　③ようだ（みたいだ）※②、③は句点を付けても正答

［4］①いらっしゃいます（。）　②うかがいます（参ります）（。）　③いただいた（。）

［5］①かがやき　②泳ぎ　③話し合い

［6］①飛び散る　②あばれ回る

［7］松の木の上で、星がかがやいている。／星が、松の木の上でかがやいている。※読点は付けなくても正答

【指導例】

① 読みます。「書き直し問題」（子ども復唱）

② 1の問題文を読みます。「――の部分を、（　）の言い方に直して［　］に書きなさい。」（一斉読み）

③ ①は、常体の文に直します。「行きます」を常体にします。「行きます」は現在形なので、過去形にしてはいけません。現在形のまま、常体に直します。

④ ②は、過去形に直します。「乗ります」を過去形にします。「乗ります」は敬体ですから、常体にしてはいけません。敬体のまま過去形にします。

⑤ すべてを説明する必要はないが、書き直す項目以外の部分は変えないよう、指導する。

⑥ 答えを書いたら必ず読み返すよう声をかける。特に2、3、4は、文として意味が通じるかどうか確認させる。

11 「選択問題」「えらぶ問題」

【使い方】

一～三年生は右ページのみを印刷し、1～3は一問10点、4は完答20点で百点満点、四年生以上は見開きで印刷し、一問5点（4は完答）で百点満点。

【解答】

1 ①まく　②けす　③のむ　2 ①むちゅう　②おかげ

3 やさい　さかな　くだもの　4 ㋒→㋑→㋐　5 ①ウ　②エ　③オ　④ア

6 ①ウ　②ア　7 ①ウ　②イ　8 右から順に　エ、ウ、ア

【指導例】

① 読みます。「選択問題、選ぶ問題」（子ども復唱）

② [1]の問題文を読みます。「（　　）にあうことばを、［　　］からえらんでかきなさい。」（一斉読み）

③ ①「たねを」に続く言葉を探します。一つずつ入れて読みましょう。
「たねをはる。」「たねをけす。」と一斉読みする。「たねをまく。」が正しいことが分かったら、（　　）に答えを書かせ、

「まく」に×を付けさせる。

④ [3]の問題文を読みます。（一斉読み）

⑤ 「これは違う」というものを見つけて、×を付けていきます。分からないものは残しておきます。
残ったものの中から探すと、見つけやすくなります。
三つ、○で囲んだか確認させる。

⑥ すべてを説明する必要はないが、実態に応じて取り上げて指導する。

⑦ どうしても答えが分からないときは、残ったものの中から答えを書き込むよう指導する。（当たる可能性がある。）

Ⅳ　国語テスト問題自作・腕試しへの道

見開き二ページで百問作る

向山洋一氏の自作問題

1　向山洋一氏は、どのようなテスト問題を作ったか

私たち教師は、毎日の授業で問いを出し、子どもからの答えを引き出す。

この「問い」は、これまでの章で述べてきたように、曖昧であってはならない。

同時に、その「問い」に正対する「答え方」も指導しなければならない。

つまり、自分でテスト問題を作成することは、毎日の授業に役立つ修行の一つといえるだろう。

『向山洋一実物資料集第二〇巻』（明治図書）に、向山洋一氏の自作テスト問題が出ている。

このテストをご覧になって、どのような感想を持たれるだろうか。

『残雪』は現在の教科書では『大造じいさんとがん』という題になっている。また、テストの実物は手書きのコピーであったが、打ち直したものである。

国語試験（残雪）

氏名		点数	

向山

一　ことしも②残雪はがんの群れをひきいてぬま地にやってきました残雪はこのぬま地に集まるがんの③トウリョウらしいなかなかりこうなやつでなかまがえさをあさっている間もゆだんなく気を配って④りょうじゅうのとどく所まで⑤けっして人間を寄せつけませんでした

1　右の文の文中に「、」と「。」を書き入れなさい。

2　「も」という字はどういうことをあらわしていますか。説明しなさい。

3　トウリョウを漢字にして意味を書きなさい。

4　りょうじゅうのとどく所とはどういう事ですか。同じようないい方を一ついいなさい。

5　「けっして」はどの語句にかかりますか。

6　次の漢字を使ってじゅく語を二つ作りなさい。

群	寄

二　次の文の「ぼつぼつ」と「いよいよ」の意味はどうちがいますか。

・ぼつぼつぬま地にがんの来る季節になりました。
・いよいよ残雪たちがやってきました。

三　次の文を二つの文にしなさい。

1　えさをあさったあとがあるのに、一わもはりにかかっていませんでした。
2　まっ白なまじり毛をもっていたので、残雪とよばれていました。

四　次の文を一つの文にしなさい。

1　じいさんは小屋の中にかくれました。そしてがんの来るのをまちました。
2　白い雲のあたりから何か一直線におちてきました。残雪です。

五　次の語句を使って短文をつくりなさい。

1　いげん
2　かねて
3　思わず
4　なおも

六　残雪のひきいる一群がことしもやってきたと聞いて、大造じいさんは、ぬま地へ出かけていきました。がんたちは昨年じいさんが小屋がけした所から少しはなれた地点をえ場にしている①ようでした。②そこは、夏の大水で水たまりができて、がんのえさが、じゅうぶんにあるらしかったのです。

1　「え場にしていました」としないで「……ようでした」と書いたのはどうしてですか。

2　「そこ」とはどこの事ですか。

七　漢字を書きなさい。

㋑トクベツ	㋺ホウホウ	㋩ケイケン	㋥イチメン	㋭イジョウ
㋬シッパイ	㋣モえる	㋠ドウサ	㋷ミマモる	㋦ミチビく

八　残雪は、大造じいさんのおりの中で、ひと冬をこしました。春になると、むねのきずもなおり、体力も、もとのようになりました。

ある晴れた春の朝でした。

じいさんは、おりのふたをいっぱいにあけてやりました。残雪は、あの長い首をかたむけて、とつぜん広がった世界におどろいたようでした。が、パシッ。快いはおとをたてて、一直線に、空に飛びあがりました。

らんまんとさいたすももの花が、③そのはねにふれて、雪のように清らかに、はらはらと散りました。

1　右の文に題をつけなさい。

2　右の文を段落に分けて段落ごとの主題（テーマ）を書きなさい。

3　「その」とは何のことですか。

九　岩のくぼみにたたえた春の水がのたりとのろくうごいている。①水面にうつった山ざくらが水と共にのびたりちぢんだり曲がったりする。②しかし、どう変化しても、やはり明らかにさくらのすがたを、たもっているところがおもしろい。③

1　何がうごいているのですか。
2　何がのびたりちぢんだりするのですか。
3　何がおもしろいのですか。

十　残雪の目には、人間もはやぶさもありませんでした。ただ、救わねばならないなかまのすがたがあるだけでした。

残雪は、むねのあたりをくれないにそめて、ぐったりしていました。しかし、第二のおそろしい敵が近づいたのを知ると、残りの力をふりしぼってぐっと長い首をもちあげました。

1　「残雪の目には、人間もはやぶさもありませんでした。」とは、どういう意味ですか。
2　「ただ」とはどこにかかりますか。
3　第一の敵は何ですか。
　　第二の敵は何ですか。

十一　残雪は、ゆだんなく地上を見おろしながら、群れをひきいてやってきました。そして、いつものえ場に、きのうまでなかった小屋をみとめました。

「ようすのかわったところに、近づかぬがいいぞ。」①かれの本能は、そう感じたらしいのです。②

ぐっと急角度に方向を変えると、その広いぬま地のずっとはしに着陸しました。
1　かれとはだれのことですか。
2　何をそう感じたのですか。
3　そのとはどこのことですか。

2　テスト問題から、授業を推測する

このテストは、向山洋一氏が教育実習の時に自作し、行ったものである。

体裁について率直に言えば、出題順も『残雪』の教材通りではないし、いわゆる理解の問題と言語の問題が混在している。さらに、大問九は別の教材が入っている。

問題の種類については、一つの教材でここまでバラエティに富んだ内容を扱っていることに驚く。

まず、理解の問題としては、段落分け（現在の授業でいえば場面分けになるだろう）をし、それに題（小見出しまたは要約）を書かせている。

現在のテストでは多く見られる、「何が」「何を」「何ですか」という問いもある。

作文の要素も入っている。文中に句読点を書かせる問題。

二文を一文に直したり、一文を二文に直したりする問題。これは接続語の理解を見ている。

指示語の問題もある。

言語の問題については、漢字だけでなく意味まで書く問題や、熟語を三つ書く問題、指定した語句を使った短文作りなどが出されている。実生活に役立つ実用的な問題といえる。

助詞一文字の意味を書かせたり、言葉の使い方について違いを説明させたりする問題は、まるで中学校のテストを見ているようである。最近は国際学習到達度調査（いわゆるＰＩＳＡのテスト）が重要視されるようになったが、このような説明させる問題を日常的に行っていれば自然に学力も身に付くのではないかと感じる。付け加えるなら、「〜

〜の時の大造じいさんはどんな気持ちでしたか」というような問題は見当たらない。あくまで国語（＝日本語）の力を付けることに徹したテストと言えるだろう。

当時はガリ版刷りの時代である。書き直しはできない。下書きなどせずそのまま鉄筆を走らせたに違いない。まだ実習生であった一学生のテストであることを考えれば、驚異的でしかない。

実物資料集の週案と指導案をもとに『残雪』の授業を表にまとめてみると、次のようになる。

日時	時限	教科	担当	内容	
九月二一日	二校時	国語	保岡	残雪	内容は不明
	三校時	国語	向山	よみ	（これは残雪の読みなのだろうか？）
九月二二日	三校時	国語	向山	残雪	（この日が初めての授業と書かれている。） 第一分節の段落分け（前時の復習） ①ことしも　②大造じいさんは　③こんどは　④その翌日 指示語、新出漢字 「ことしも」「かねて」「特別な方法」「頭領」 「りょうじゅうのとどく所」「こどものように」の意味
九月二三日	二校時	国語	向山	残雪	第二分節（現在の教科書の3の場面）の段落 ①三年（現教科書には見当たらない）　②さて　③あっ　④残雪は 段落ごとの主題（小見出し、または要約に近い？）
九月二五日	二校時	国語	向山	残雪	第二分節（前時と同じ場面らしい）の段落 ①三年　②東の空　③あっ　④残雪です　⑤残雪は（変更？）

					語句の意味 「三年たちました」「おとり」「と」「くれない」「これ」 「ぼつぼつ」と「いよいよ」 「見ながら」と「目をくらませて」
九月二六日	三校時	国語	向山	残雪	第三分節（現在の教科書の4の場面）の段落分け ①冒頭　②おうい、がんの 段落ごとの主題 難解な語句の理解
九月二七日	二校時	国語	向山	残雪	全文読み 第三分節（現在の教科書の4の場面）の段落分け ①冒頭　②ある晴れた　③おうい、がんの（変更） 段落ごとの主題 難解な語句の理解
九月二八日	五校時	国語	向山	読書	『春を告げる鳥』を紹介し読ませる 内容について話し合い　登場人物、背景、鳥になって幸せか 読書ノートに感想を書く
九月二九日	二校時	国語	向山	残雪	残雪最後の授業 全文読み、新出漢字の意味、熟語作り
十月　三日	五校時	国語	向山	残雪	自作テスト

この資料を見て分かることは、『残雪』を六時間で授業し、授業で行ったことを中心にテストを自作していることが分かる。実施時間は四〇分。しかもすべて記述式である。（選択肢の問題が一つもない。）テストには配点が書かれていないが、小問を細かく数えるとおよそ五〇問になるので、一つ二点であろうか。テスト時間が四〇分であるから、子どもたちも考えている時間はほとんどないと予想が付く。まさに鉛筆の先から煙が出る勢いで書いたことだろう。

3　実際にテストを解いてみる

よい機会なので、このテストの解答を考えてみる。（向山氏自身の解答は示されていない。）

一　ことしも、残雪はがんの群れをひきいてぬま地にやってきました。残雪はこのぬま地に集まるがんのトウリョウらしいなかなかりこうなやつで、なかまがえさをあさっている間もゆだんなく気を配って、りょうじゅうのとどく所までけっして人間を寄せつけませんでした。

1　右の文の文中に「、」と「。」を書き入れなさい。

おそらく、読点を教科書と同じ位置に打つことは要求していないだろう。読点は、意味が通じやすいように、また音読した際に一息で読みやすいように考えて打つものである。一つ目の読点は、「今年も」を強調したいと考えて打った。二つ目は残雪がりこうな鳥であることと、具体的な例示で分けて打った。三つ目は、例示の部分が長いので打った。

2　「も」という字はどういうことをあらわしていますか。説明しなさい。

今年だけではない、今までにもあった、ということを表している。

3　トウリョウを漢字にして意味を書きなさい。

頭領　リーダー、かしら

4　りょうじゅうのとどく所とはどういう事ですか。同じようないい方を一ついいなさい。

りょうじゅうの弾のとどく所。目の届く所。

5　「けっして」はどの語句にかかりますか。

寄せつけません（でした）

6　次の漢字を使ってじゅく語を三つ作りなさい。

群	一群　大群　群衆　群馬　群青　流星群　等
寄	寄付（附）　寄生　寄席　寄与　寄贈　寄宿舎　等

二　次の文の「ぼつぼつ」と「いよいよ」の意味はどうちがいますか。

ぼつぼつは、「そろそろ」の意味でまだはっきりしない感じが強いが、「いよいよ」は「とうとう」やって来た、という期待感も入った意味である。

三　次の文を二つの文にしなさい。

1　えさをあさったあとがある。けれども（だが、しかし）、一わもはりにかかっていませんでした。

2　まっ白なまじり毛をもっていた。それで（だから）、残雪とよばれていました。

四　次の文を一つの文にしなさい。

1　じいさんは小屋の中にかくれて、がんの来るのをまちました。

2　白い雲のあたりから何か一直線におちてきたのは（が）残雪です。

五　次の語句を使って短文をつくりなさい。

1　いげん　総理大臣はいげんがある。

2　かねて　かねてからやりたいと思っていたピアノを習い始めた。
3　思わず　びっくりして思わず大声を出した。
4　なおも　おこられたのになおも悪さをする。

六
1　「え場にしていました」としないで「……ようでした」と書いたのはどうしてですか。
え場にしていたかどうか、はっきりしないから。
2　「そこ」とはどこの事ですか。
昨年じいさんが小屋がけした所から少しはなれた地点。

七
漢字を書きなさい。
㋑特別　㋺方法　㋩経験　㋥一面　㋭異常（異状）
㋬失敗　㋣燃える　㋠動作　㋷見守る　㋦導く

八
残雪は、大造じいさんのおりの中で、ひと冬をこしました。春になると、むねのきずもなおり、体力も、もとのようになりました。

ある晴れた春の朝でした。

じいさんは、おりのふたをいっぱいにあけてやりました。残雪は、あの長い首をかたむけて、とつぜん広がった世界におどろいたようでした。が、パシッ。快いはおとをたてて、一直線に、空に飛びあがりました。

らんまんとさいたすももの花が、そのはねにふれて、雪のように清らかに、はらはらと散りました。
1　右の文に題をつけなさい。右の文章全体の題（小見出し）という意味だろう。
「残雪との別れ」あるいは、「春の朝」「広がる世界」等の題も正解となったのか？
2　右の文を段落に分けて段落ごとの主題（テーマ）を書きなさい。
残雪は～なりました。……元気になった残雪
ある晴れた～……空に飛び立つ残雪

3　「その」とは何のことですか。（空に飛びあがる）残雪の

九

1　何がうごいているのですか。岩のくぼみの水

2　何がのびたりちぢんだりするのですか。水面にうつった山ざくら

3　何がおもしろいのですか。どう変化してもさくらのすがたをたもっているところ。

十

1　「残雪の目には、人間もはやぶさもありませんでした。」とは、どういう意味ですか。残雪には敵の姿は目に入らなかった、という意味。

2　「ただ」とはどこにかかりますか。あるだけでした

3　第一の敵は何ですか。はやぶさ　第二の敵は何ですか。人間

十一

1　かれとはだれのことですか。残雪

2　何をそう感じたのですか。きのうまでなかった小屋

3　そのとはどこのことですか。いつものえ場（のこと）

読者の皆さんとは異なる部分もあるかもしれないがご容赦願いたい。

4　テスト問題自作への道

このように見てくると、テスト問題も、授業での発問作りも同じである。

向山洋一氏はよく言われる。

国語の教科書の見開き二ページで、一〇〇個の問いを作れ

たくさんの問いを考えた後、実際の授業ではどの発問をするのか選択すればよい。

また、このような修行を何回か行えば、教材を一見しただけである程度の発問が浮かんでくるようになる。

光村図書五年の教科書に、『あめ玉』（新美南吉作）という教材が載っている。次に、見開き二ページ分を示す。

この文章から一〇〇問を作ることができるかぜひ挑戦していただきたい。

答えは同じであっても、問い方はいくつかある。それらも一つとして数えて構わない。学習の進み具合、既習事項など、目の前の子どもたちの実態によって問い方も変わるからである。

もちろん、向山氏の自作問題もヒントとして作成するとよい。

あめ玉　　新美南吉 作　　根本孝 絵

春のあたたかい日のこと、わたし舟に二人の小さな子どもを連れた女の旅人が乗りました。

舟が出ようとすると、

「おうい、ちょっと待ってくれ。」

と、土手の向こうから手をふりながら、さむらいが一人走ってきて、舟に飛びこみました。

舟は出ました。

さむらいは舟の真ん中にどっかりすわっていました。ぽかぽかあたたかいので、そのうちにいねむりを始めました。

黒いひげを生やして、強そうなさむらいが、こっくりこっくりするので、子どもたちはおかしくて、ふふふと笑いました。

お母さんは口に指を当てて、

「だまっておいで。」

と言いました。さむらいがおこっては大変だからです。

子どもたちはだまりました。

《問題例》

①題名は何ですか。
②作者はだれですか。
③作者名を漢字で書きなさい。
④作者とは、何をした人ですか。
⑤この作品の作者と絵を描いた人は同じですか。
⑥絵を描いた人はだれですか。
⑦絵を描いた人を漢字で書きなさい。
⑧いつのお話ですか。
⑨季節はいつですか。
⑩季節を表す言葉をすべて書きなさい。
⑪春のどんな日ですか。
⑫「春の□日のこと」の、□に入る別の言葉を三つ書きなさい。
⑬わたし舟にだれが乗りましたか。

⑭女の人はだれを連れていましたか。
⑮わたし舟に乗ったのはどんな女の人ですか。
⑯第一文を、二つの文に分けて、文末を敬体にそろえて書きなさい。
⑰「舟が出ようとすると」の、「すると」と同じような使い方をする言葉を書きなさい。
⑱「出ようと」と「出そうと」では、どう違いますか。
⑲「舟が出ようと」の「よう」と同じ使い方をするものを一つ選びなさい。
㋐雨が降るようだ。　㋑ドッジボールをしよう。　㋒漢字が書けるようになった。
⑳舟が出ようとすると、だれが来ましたか。
㉑「さむらい」を別の言葉で何と言いますか。
㉒さむらいはどのように走って来ましたか。
㉓さむらいは何と言って走って来ましたか。
㉔さむらいはどこから走って来ましたか。
㉕さむらいが一人走って来たとき、語り手はどこにいますか。簡単に絵を描いて、目玉を書き入れなさい。
㉖「土手」を説明しなさい。
㉗「土手」と同じ意味の言葉を書きなさい。
㉘「土手」と「土手の向こう」ではどう違いますか。
㉙さむらいはどのように舟に乗りましたか。
㉚さむらいは走って来てどうしましたか。
㉛舟に飛びこんだのはだれですか。
㉜だれが、舟に飛びこみましたか。
㉝「さむらいが一人走ってきて、舟に飛びこみました。」を、二つの文に分けて書きなさい。

㉞「乗りました」としないで「飛びこみました」としたのはなぜですか。
㉟「飛びこみました」を常体に直しなさい。
㊱「飛びこむ」を二つの言葉に分けなさい。
㊲「飛びこんだ」のように、二つの言葉を合わせた言葉を何と言いますか。
㊳「飛びこんだ」のような複合語を三つ書きなさい。
㊴「舟」と「船」の違いを書きなさい。
㊵「舟は出ました」の、主語と述語を書きなさい。
㊶「舟は出ました」と「舟は出た」の違いを書きなさい。
㊷「舟は出ました」のように「ました」で終わる書き方を何と言いますか。
㊸「舟は出た」のように「〜した」という書き方を何と言いますか。
㊹「舟は出ます」と「舟は出ました」の違いを書きなさい。
㊺「舟は出ました」と「舟が出ました」の違いを書きなさい。
㊻「舟は出ました」の「出ました」と同じ使い方をするものを一つ選びなさい。
㋐森の外に出ました。　㋑授業に出ました。　㋒先ほど家を出ました。
㊼さむらいは舟のどこにすわっていましたか。
㊽さむらいはどのようにすわっていましたか。
㊾「すわっています」を常体に書き直しなさい。
㊿「すわっていました」と「すわりました」の違いを書きなさい。
51「すわっていました」を現在形に直しなさい。
52「すわっています」を二つの言葉に分けなさい。
53「中」と「真ん中」はどう違いますか。

(54)「真ん中」の「真」は、どんな意味がありますか。

(55)「真」のつく言葉を三つ書きなさい。

(56)「真っ赤」「真正直」の「真」はどんな意味がありますか。

(57)「真ん中」と同じ使い方をするものを一つ選びなさい。　㋐真四角　㋑真いわし　㋒真水

(58)「どっかり」のように、二文字目が「っ」で四文字目が「り」になる、四文字の言葉を三つ書きなさい。

(59)舟にすわっていたさむらいは、そのうちどうしましたか。

(60)そのうちいねむりを始めたのはだれですか。

(61)「そのうち」という言葉を使って短文を作りなさい。

(62)だれがいねむりを始めましたか。

(63)さむらいはなぜ、いねむりを始めたのですか。

(64)「ぽかぽか」のように、同じ言葉を重ねた言葉を三つ書きなさい。

(65)「ぽかぽか」のように、同じ言葉を重ねた言葉を、文中から探して書きなさい。

(66)「ぽかぽか」のような言葉を何と言いますか。

(67)「ぽかぽか」という言葉を使って短文を作りなさい。

(68)「ぽかぽかあたたかいので」の「ので」と同じ使い方をする言葉を書きなさい。

(69)いねむりを始めたのは、どんなさむらいですか。

(70)どんなさむらいですか。二つ書きなさい。

(71)さむらいは、どんなひげを生やしていましたか。

(72)さむらいは、何を生やしていましたか。

(73)「黒いひげを生やして」の「て」と同じ使い方をするものはどれですか。

㋐絵の具を使って色をぬる。　㋑安くておいしいレストラン。　㋒熱を出して学校を休んだ。

㊹「強そうなさむらい」と「強いさむらい」の違いを書きなさい。

㊺「強そうなさむらい」と思ったのはだれですか。

㊻「強いさむらい」としなかったのはどうしてですか。

㊼さむらいのどんな様子から、「強そう」と感じるのですか。

㊽いねむりをしたさむらいを見て、子どもたちはどうしましたか。

㊾子どもたちは、何と笑いましたか。

㊿「ふふふ」のように、笑う様子を表す言葉を五つ書きなさい。

81「ははは」と「ふふふ」ではどう違いますか。

82子どもたちは、なぜ笑ったのですか。

83「こっくりこっくりするので」の「ので」と同じ使い方をするものはどれですか。

　㋐楽しかったので、また行きたい。

　㋑わざとやったのではない。

　㋒この本はわたしので、あなたのはその本です。

84「さむらいが、こっくりこっくりするので、子どもたちは笑いました。」を二つの文に分けて書きなさい。

85「黒いひげを……ふふふと笑いました。」の文の、主語に――を、述語に〰〰を引きなさい。

86「こっくりこっくりする」と「笑いました」の主語をそれぞれ書きなさい。

87次の言葉の反対語を書きなさい。

　㋐あたたかい　㋑向こう　㋒すわる　㋓黒い　㋔強そう
88子どもたちが笑ったあと、お母さんはどうしましたか。二つ書きなさい。

89お母さんは、だれの口に指を当てましたか。

90子どもたちが笑ったあと、お母さんは何と言いましたか。

㉛「だまっておいで」はどういう意味ですか。

㉜お母さんは、なぜ「だまっておいで。」と言ったのですか。

㉝お母さんは口に指を当てて、「だまっておいで。」と言いました。さむらいがおこっては大変だからです。の二つ文を一つの文に書き直しなさい。

㉞お母さんに言われて、子どもたちはどうしましたか。

㉟お母さんは、さむらいのことをどう思っていますか。

㊱お母さんが、さむらいをこわがっていることが分かる文を書き出しなさい。

㊲「生やして」「強そう」「おかしくて」「笑いました」をそれぞれ言い切りの形に直しなさい。

㊳文中から、名詞・動詞・形容詞・副詞を一つずつ探して書きなさい。

㊴この文章を二つの段落（場面）に分けるとしたら、どこで分けますか。始めの五字を書きなさい。

㊵二つの場面に、それぞれ小見出しを付けなさい。

V　答え方指導はアクティブ・ラーニングになり得るか

アクティブ・ラーニングで国語授業の改革を！

1　アクティブ・ラーニングとは？

文部科学省の用語集には次のように書かれている。

【アクティブ・ラーニング】
教員による一方向的な講義形式の教育とは異なり、学修者の能動的な学修への参加を取り入れた教授・学習法の総称。学修者が能動的に学修することによって、認知的、倫理的、社会的能力、教養、知識、経験を含めた汎用的能力の育成を図る。発見学習、問題解決学習、体験学習、調査学習等が含まれるが、教室内でのグループ・ディスカッション、ディベート、グループ・ワーク等も有効なアクティブ・ラーニングの方法である。

もともと、アクティブ・ラーニングは大学教育で行われ始めている学習方法であり、それを初等教育にも下ろしてきた形である。学習者の発達段階を考えると、大学教育でのそれと初等教育でのそれは異なる点があって当然と言える。

特に「課題発見」の部分。総合的な学習の時間のように、ある程度学習者の興味に即して学ぶのであれば、子どもに課題を決めさせてもよいだろう。しかし、国語や算数といった学習事項が決められた教科については、教師側が課題を提示することはなんら問題ないと考える。

教師の与えた課題設定では能動的な学習とは言えないのか。そんなことはない。現に、次のような授業もアクティブ・ラーニングの事例として取り上げられている。

1．社会科で、長篠の戦いなどの絵や写真資料を見せ、「分かったこと、気付いたこと、考えたことをできるだけたくさん書きなさい。」という指導

これは多くの追試実践が発表され、十分足らずで百個以上もノートに書く子もいるという。もちろん、たくさん書かせるための教師の言葉かけなど、実際の授業を見ないと分からないテクニックもあるのだが、教師の指示がなければ、同じ資料であっても隅々まで見ることはなかなかない。そして他の子どもの気付きを知ることで読み取りのレベルが上がっていく。このような授業を受けた子どもはやがて自力で資料を読み取るようになるのである。少なくとも初めのうちは教師の指導によって出されるべき課題である。

2．国語の詩や物語の教材などで、場面の絵を描かせる指導

これも子どもたちはとても意欲的に学習に取り組む。ただし想像に任せて描けばよいというものではない。「分析批評」という手法の一つで、文章を正しく読み、位置関係をきちんと捉えて描くことを目標にしている。描いた後には文章に書かれている内容と一致するかどうか討論させる。根拠となる文を指摘し、説明し、相手を納得させる発言が飛び交う。絵を描くことで、文章の一字一句を精密に読み取る力も付いてくる。だが、これも教師の発問指示があってこそできることであり、このような授業の経験がなければ自ら絵を描いて考えるという発想はなかなか浮

かばないだろう。

小学校段階では、課題設定は教師主導で全く問題ない。与えた課題をどのように能動的に取り組ませるか、どのような学力を身に付けさせていくのか、そのためにどのような学習形態を設定していくのか。これこそが教師の腕の見せ所となると考えている。

2　答え方指導はアクティブ・ラーニングになり得るのか

(1) 一般的な組み立てによる指導例

一般的には、どのような指導がされているのか考えてみる。

① 要約指導

光村五年（平成22年度版）の教科書（47ページ）に次のように出ている。

> たいせつ　要旨をとらえる
> 筆者が文章で取り上げている内容の中心となる事がら、あるいは、それについての筆者の考えの中心となる事がらを要旨という。

そして、手引きには次のような指示がある。

> あなたの考えをまとめよう。
> ▼この文章の要旨を百五十字以内でまとめよう。

教科書通りであれば、要約をするまでにノートに各段落の要点を書きだしていることだろう。それをもとに百五十字以内でまとめることになる。

② 体言止めの指導

一般的には、普通の文と体言止めの文の二つを示して説明することが考えられるだろう。

《板書》

A わたしはきのう動物園に行った。　動詞（述語）

B わたしがきのう行った動物園。　名詞

（説明）Aのように動詞（述語）で終わる文を普通の書き方の文、Bのように名詞で終わる文を体言止め（名詞止め）といいます。

では、次の文を体言止めの文に書き直しましょう。

③ 文末表現の指導

一般的には、次のような方法が多いのではないだろうか。

《板書》 A 今日は雨が降るそうだ。

B 今日は雨が降りそうだ。

（説明）Aのようにだれかに聞いた言い方を「伝聞」、Bのように自分で様子をみて予想した言い方を「様態（推定）」といいます。では、次の文は、「伝聞」ですか、「様態（推定）」ですか。

(2)向山氏の追試実践例

次のような指導例もある。先に紹介した指導例と比べて、子どもの学習活動にはどのような違いが見られるか。そして、アクティブ・ラーニングといえるのかどうか、読者の皆様に判定していただきたい。

①　要約指導

二〇〇七年「生き物はつながりの中に」での実践である。

まず、要約の意味を板書し、ノートに書き写させる。

《板書》要約……内容を分かりやすく短くまとめること。

普通は教科書に書いてある通り書き写さなければなりませんが、要約したりまとめて書くときは、意味があっていれば違う言葉に書き換えても構いません。

桃太郎の練習から入る。（向山洋一氏実践の追試）

《注釈》国語を専門的に研究されている方々の間では、説明文では「要約」、物語文では「粗筋」と分けて使われているようである。

桃太郎のあらすじを言わせた後、二十字以内という条件を付けて一回目の要約をさせる。

桃太郎の話を二十字以内で要約しなさい。句読点も一字として数えます。

二十字と聞いて「無理」という声もあったが、平仮名を漢字にしてもいいかという質問もすぐに出た。「とてもすばらしい」とほめ、漢字にしてよいことを告げる。

書けた子どもに板書させる。四人が板書し、それに点数を付けていく。

1　桃太郎が鬼退治をしに行った。

2　桃太郎が鬼が島に鬼を退治しに行った話。

3　桃から生まれた桃太郎が鬼退治に行った。

4　桃太郎が鬼を退治しに行きました。

百点満点で、1　50点　2　40点　3　40点　4　45点と付ける。

子どもが「どれも同じみたいなのにどうして?」と言う。そこで説明。

2は「鬼が島」「鬼退治」と重複した言葉があり、無駄な部分がある。

3も「桃から生まれた」と「桃太郎」で重複あり。

4はまとまっているが、「行きました」の部分が無駄がある。

1が一番よくまとまっている。ただし、1はよいようだが二十以内なのにあまりに字数が少ないのはよくない。

二十字以内なら二十字にできるだけ近いのがよい。

いよいよキーワードの説明。

> 四人とも、桃太郎と鬼退治という言葉は入っています。でも、足りない言葉もあるのです。落としてはならない言葉は何でしょう。……（「きびだんご」の声あり）犬、猿、キジであることを確認。
> これらの言葉をキーワードといいます。キーワードをうまくつなげて二十字以内にするのです。

すると、学年一のやんちゃ坊主が「もう一回書き直したい」と言う。

「書き直したいでしょう？　では、やってごらん。」と言って書かせた。

黒板にはところせましと子どもたちが群がり、要約文を書いていた。自分の名前と字数を書かせた。

板書してから、字数が二十一字になっていることに気付いた子がいた。だが「それでいいから。」と言ってそのままにさせた。

書かれた文を見て、これまたあまり勉強の得意ではない子が、「みんな同じじゃん。」と言う。

「正しい答えは、みんな同じになるのです。」と言って、全員の文を読んでいく。

文末が、「行く」となっているものが一つ、「いった」と平仮名になっているものが一つ。これらは減点。

さて、二十一字になってしまった要約文、これを使って体言止めの指導をする。

「桃太郎は犬、猿、雉を連れて鬼退治に行った。」となっている。

> Sさんは二十一字になってしまいました。これを書き直してみます。桃太郎を一番後ろに持ってきて、
> 　犬、猿、雉を連れて鬼退治に行った桃太郎。
> とすれば、一文字減って二十字になります。

子どもたちは「おー。」と声を上げた。

キーワードの探し方であるが、物語の場合は結局は「だれが」「いつ」「どこで」「だれと」「何をした」が問題になる。

つまり、設定そのものである場合が多い。

第一に挙がるキーワードは主人公であろう。第二が「何をしたか」に当たる部分であり、あとは字数に応じて修飾語となる部分「いつ」「どこで」「だれと」を入れていく。もちろん、話が長くなればなるほど（要約の字数が多ければ多いほど）、話の筋をきちんと読み取る力がないと要約できないのは言うまでもない。

このときの指導では、キーワードを子どものつぶやきによって選んだが、ノートに三つのキーワードを書かせ検討

させると盛り上がる。

いよいよ本題の「生き物はつながりの中に」の要約に入る。

生き物の特徴について、段落ごとに要約していく。

二の段落を追い読み、個人読みのあと、「生き物の特徴について二十字以内で要約しなさい。」と指示。ほどなく「キーワードが分からない。」という子が出てくる。そうそう、なかなかセンスがいい。これは説明文。物語のようにキーワードでは要約できないことが多い。

> 説明文では、まず、一番大切な文を探すのです。キーセンテンスといいます。その文を二十字以内に短くしていくといいのです。

最後の文であることは多くの子どもが分かったようだ。

その文には、「生き物は必要な物を取り入れ、不要な物を出す」という内容と、「内と外とでつながりあっている」という内容が書かれている。どちらも内容としては同じである。どちらを選んでもよいが、題名が「生き物はつながりの中に」となっていること、前半は言葉の重複感があることから、後半部分を用いた子が多かった。

昨日の「桃太郎」の学習を生かして体言止めにした子どもも多かった。「生き物」を「生物」と漢語に直した子どももいた。

熱中し、しかも楽しく取り組んだ授業であった。

② 体言止めの指導

いきなり板書し、問う。

《板書》わたしは　きのう　動物園に　行った。
（発問）この文を、「わたし」で終わる文に書き直しなさい。

例文は違うが、これも向山洋一氏の実践の追試である。
すぐ分かる子もいるが、きょとんとしている子もいる。
『わたし』が一番最後になるようにします。言葉を勝手に変えてはいけません」と簡単に説明を加え、とにかく書かせる。
「言葉を勝手に変えてはいけない」と付け加えるのは、「書き直す」という指示により、文にはない言葉を書き加えたり違う言葉に変えたりしてしまう子どもがいるためだ。書けた子に発表させる。時間に余裕があれば、書けた子どもに（先着五人というようにして）板書させるとさらに盛り上がる。

きのう　動物園に　行った　わたし。

ちょっと違う、と言う子がいればしめたもの。「別の答えも見つけたの、すごい」と言って発表させる。子どもから出ない場合は、「違う言い方もあります。書けたらすごい」と言って挑発する。

動物園に　きのう　行った　わたし。

これは助走問題といえる。一つやれば、次は自力で解くことができる。くどくどとした説明はいらない。

今度は、「動物園」で終わる文に書き直しなさい。

先の問いは、順序を入れかえるだけで書き直すことができる。今度は違う。気付く子もいるが、多くの子が次のような文を書く。

わたしは　きのう　行った　動物園。

このように書ければ、助走問題が生かされたことになる。

「さっきは勝手に言葉を変えてはいけない、と言いましたが、今度は一文字だけ変えた方がよいところがあります。どこでしょう」と言って考えさせる。一文字、と限定するところが子どもを集中させる。そして気付く。

わたし**が**　きのう　行った　動物園。

説明はできないが、**が**でないとおかしいと言う。そして、別の言い方も自分たちから気付く。

きのう　わたし**が**　行った　動物園。

最後は「次はどんな問題を出すと思いますか」と言えば、口々に問題を言ってくる。

「きのう」で終わる文に書き直しなさい。

三回目なので、初めから二種類の文を書く子がほとんどである。もちろん、助詞にも気を配っている。

わたし**が**　動物園に　行った　きのう。

動物園に　わたし**が**　行った　きのう。

ここまでやってから最後に説明する。

《板書》　名詞　名詞　名詞　動詞

わたしは　きのう　動物園に　行った。

（説明）「行った」のように動詞で終わる文は普通の書き方の文です。

「わたし」「動物園」「きのう」は名詞です。名詞が最後に来る文を、体言止め（名詞止め）と言います。

③ 文末表現の指導

これも、いきなり板書し発問する。

《板書》　A 今日は雨が降るそうだ。

B 今日は雨が降りそうだ。

（発問）　AとBの違いを説明しなさい。Aはこういう意味（感じ）で、Bはこういう意味（感じ）、というように説明しなさい。

思いつかない子どももいると思われる。そのときは隣同士で相談タイムを一分位入れる。

また、うまく書き表すことができない子どもには、友達の発表を聞いてよいと思った考えをノートに書かせるようにする。

色々な表現の発表が出てくる。

・Aはこれから雨が降ることで、Bははっきりとは分からない言い方。
・Aはだれかに聞いたことで、Bは自分で思ったこと。
・Aは他の人が考えたことで、Bは自分が実際に見たことを言っている。

発表が出尽くしたところで、Aは人から伝え聞いたことを表す言い方で「伝聞」、Bは自分で様子を見て推定した言い方「様態（推定）」ということを説明する。

3　アクティブ・ラーニングで国語授業の改革を！

中央教育審議会（答申）「これからの学校教育を担う教員の資質能力の向上について」（平成27年12月21日）に、次のような記述がある。（抜粋）

> 学びの量とともに、質や深まりが重要であり、子供たちが「どのように学ぶか」についても光を当てる必要があるとの認識の下、「課題の発見と解決に向けて主体的・協働的に学ぶ学習（いわゆる「アクティブ・ラーニング」）」について検討を重ねてきた。
> 次期学習指導要領等の改訂が学習・指導方法について目指すのは、特定の型を普及させることではなく、以下のような視点に立って学び全体を改善し、子供の学びへの積極的関与と深い理解を促すような指導や学習環境を設定することにより、子供たちがこうした学びを経験しながら、自信を育み必要な資質能力を身に付けていくことができるようにすることである。

これからの学校教育では「アクティブ・ラーニング」を推し進めていくことになる。しかし、特定の型を普及させることではない、ともしている。言い換えれば、アクティブ・ラーニングを行う手立ては様々あり、アクティブ・ラーニングができるのであればどのような指導方法でもよい、ということである。

これに対し現在の国語の授業では、「単元を貫く言語活動」が主流となっており、例えば物語教材では、登場人物の気持ちを吹き出し付きのプリントに書き込ませることが多い。また、学習のまとめとしては、役割を決めてのミニ芝居や紙芝居作り、「クイズ大会」や「本のショーウィンドウ」等のイベント的な活動を伴う事例が多い。作文においても、遠足・運動会などの行事のたびに書かせる行事作文が多い。

登場人物の気持ちばかり吹き出しに書かせていて、根拠をもとにした自分の考えを持つことができるようになるのか。紙芝居作りばかりやっていて相手を論破できる討論の力が身に付くのか。行事作文ばかり書いていて、論理的な文章が書けるようになるのか。

授業は変わらなくても教育改革は進んでいく。

アクティブ・ラーニングの導入で注目されている指導法に「学び合い」がある。

そもそも「学び合い」とは？

ベネッセ教育総合研究所『ＶＩＥＷ21小学版』（二〇一一年vol.２）に、「学び合い」の特集記事を見つけた。「学び合いのある授業づくりのポイント」として次の項目が挙げられている。（抜粋）

・子どもが知らず知らずのうちに本気で考えたくなるような学習問題を提示する。
・子どもの考え方を画一化しようとせず、それぞれの得意を大切にしながら各自の考えを明確にする。
・個を持ち、自分を開くと共に、相手を尊重し、自分や相手と率直に向き合える態度や学級の雰囲気をつくる。

・板書を活用して整理したり関連付けたりすることで、学び合いが可視化され、思考が明確になる。
・意見交換の後に自分の考えを文章でまとめる学習などが効果的である。
・子どもがなかなか問題点に気付かなかったり、話し合いが堂々巡りしたりしている場面での方向付けも、教師の重要な役割である。

このことから、本来の「学び合い」では、
「自分の考えをもち、相手を尊重して話し合う」
「意見交換の後の、文章によるまとめ」
を重要視していることが分かる。

これは、TOSS代表の向山洋一氏が提案してきた、国語の『やまなし』『モチモチの木』、社会科の『雪国のくらし』、理科の『じしゃく』など、様々な実践で行われた「討論」の授業や、『分析批評』における「評論文」の授業に当たる。

二〇二〇年には大学入試も変わるという。その影響もあり、すでに私立中学の入試は「発想や表現力を評価」するユニークな問題が多く出されるようになった。いわゆるB問題型が増えている、ということである。

これからの学習では、根拠をもとに自分の意見をまとめ、主張できる論理的思考の訓練が必要であり、それが「討論」の場である。

同様に、自分の主張や論点を整理し、根拠を示しながら書く、論文形式の文章力も必要である。

第I章から述べてきた、「国語テストの答え方」も、突き詰めていけば「問いに正対して答える」訓練であり、討論で論点がずれないようにするためには必要な力である。「国語テストの答え方」の学習をすることで、言葉の使い方一つ一つを意識するようになり、論理的思考をする上で力となるはずである。

あとがき

やっと……

ここまで来るのに何年かかったことだろう。

本書を出版しよう、と声をかけてくださったのは、当時、教育書では最大手の出版社でバリバリの編集長として活躍されていた樋口雅子氏（現、学芸みらい社編集長）である。今だから吐露するが、向山氏の傍らで学ばせていただいていたとはいえ若輩者の私から見れば、樋口氏には近寄りがたい威厳があり正直苦手意識があった。だから、その方から直接声をかけていただけたことが大変嬉しく信じがたい気持ちであった。（今では気さくにお付き合いをさせていただいている。）

なのに、それからも十年近く経ってしまった。

書き始めてもなかなか筆が進まず挫折した。文を書き綴ることの難しさを思い知った。

そんな私を、常に温かく、しぶとく励ましつづけてくださった樋口氏には感謝してもしきれない。

そして向山洋一氏。この課題を与えてくださったからこそ書くことができ、今の私がある。

実はここにまとめた十五パターンも、まだまだ改善の余地はあると感じている。本書を手にとってくださった方々が追試し、修正を加えてさらによりよい答え方を見つけてくださることを願っている。

最後に、いつも我が身を案じてくれる高齢の両親に、教師としてわずかな足跡を残すことができたことを報告し、感謝の意を表したい。

遠藤真理子

二〇一六（平成二八）年四月二十九日

◎監修者紹介

向山 洋一（むこうやま よういち）

東京都生まれ。68年東京学芸大学卒業後、東京都大田区立小学校の教師となり、2000年3月に退職。全国の優れた教育技術を集め、教師の共有財産にする「教育技術法則化運動」TOSS（トス：Teacher's Organization of Skill Sharingの略）を始め、現在もその代表を務め、日本の教育界に多大な影響を与えている。日本教育技術学会会長。

◎著者紹介

遠藤 真理子（えんどう まりこ）

1958年9月13日生まれ。1981年3月文教大学教育学部卒業。2016年4月東京都中央区立豊海小学校。

著書　「洋一・真理子のザ☆宿題―国語の達人」同シリーズ「算数の達人」（主婦の友社）

共著　「小学校の算数を5時間で攻略する本」(PHP)

国語テストの"答え方"指導
～基本パターン学習で成績UP～

2016年6月20日　初版発行

監　修　向山洋一
著　者　遠藤真理子
発行者　青木誠一郎

発行所　株式会社 学芸みらい社
〒162-0833 東京都新宿区箪笥町31 箪笥町SKビル
電話番号 03-5227-1266
http://gakugeimirai.jp/
E-mail：info@gakugeimirai.jp
印刷所・製本所　藤原印刷株式会社
ブックデザイン　吉久隆志

落丁・乱丁本は弊社宛にお送りください。送料弊社負担でお取り替えいたします。

ISBN978-4-908637-18-6 C3037

GAKUGEI MIRAISHA

学芸みらい社　既刊のご案内

書　名		著者名・監修	本体価格
教科・学校・学級シリーズ			
学校・学級経営	中学の学級開き　黄金のスタートを切る3日間の準備ネタ	長谷川博之（編・著）	2,000円
	“黄金の1週間”でつくる　学級システム化小辞典	甲本卓司（編・著）	2,000円
	小学校発ふるさと再生プロジェクト 子ども観光大使の育て方	松崎 力(著)	1,800円
	トラブルをドラマに変えてゆく教師の仕事術 発達障がいの子がいるから素晴らしいクラスができる！	小野隆行(著)	2,000円
	ドクターと教室をつなぐ医教連携の効果　第２巻 医師と教師が発達障害の子どもたちを変化させた	宮尾益知(監修)　向山洋一(企画) 谷　和樹(編集)	2,000円
	ドクターと教室をつなぐ医教連携の効果　第一巻 医師と教師が発達障害の子どもたちを変化させた	宮尾益知(監修)　向山洋一(企画) 谷　和樹(編集)	2,000円
	生徒に『私はできる！』と思わせる超・積極的指導法	長谷川博之(著)	2,000円
	中学校を「荒れ」から立て直す！	長谷川博之(著)	2,000円
教師修行	教員採用試験パーフェクトガイド　「合格への道」	岸上隆文・三浦一心(監修)	1,800円
	めっちゃ楽しい校内研修 ―模擬授業で手に入る“黄金の指導力”	谷 和樹・岩切洋一・ やばた教育研究会(著)	2,000円
	フレッシュ先生のための　「はじめて事典」	向山洋一(監修)　木村重夫(編集)	2,000円
	みるみる子どもが変化する　『プロ教師が使いこなす指導技術』	谷 和樹(著)	2,000円
道徳	「偉人を育てた親子の絆」に学ぶ道徳授業〈読み物・授業展開案付き〉	松藤 司＆チーム松藤(編・著)	2,000円
	子どもの心をわしづかみにする　「教科としての道徳授業」の創り方	向山洋一(監修)　河田孝文(著)	2,000円
	あなたが道徳授業を変える	櫻井宏尚(著)　服部敬一(著) 心の教育研究会(監修)	1,500円
国語	先生も生徒も驚く日本の「伝統・文化」再発見２ ～行事と祭りに託した日本人の願い～	松藤 司(著)	2,000円
	先生も生徒も驚く日本の「伝統・文化」再発見 【全国学校図書館協議会選定図書】	松藤 司(著)	2,000円
	国語有名物語教材の教材研究と研究授業の組み立て方 〔低・中学年/詩文編〕	向山洋一(監修)　平松孝治郎(著)	2,000円
	国語有名物語教材の教材研究と研究授業の組み立て方	向山洋一(監修)　平松孝治郎(著)	2,000円
	先生と子どもたちの学校俳句歳時記 【全国学校図書館協議会選定図書】	星野高士・仁平勝・石田郷子(監修)	2,500円
社会	アクティブ・ラーニングでつくる新しい社会科授業 ニュー学習活動・全単元一覧	北俊夫・向山行雄(著)	2,000円
	教師と生徒でつくるアクティブ学習技術 「ＴＯＳＳメモ」の活用で社会科授業が変わる！	向山洋一・谷 和(企画・監修) 赤阪 勝(著)	1,800円
	子どもを社会科好きにする授業 【全国学校図書館協議会選定図書】	著者：赤阪 勝	2,000円
理科	子どもが理科に夢中になる授業	小森栄治(著)	2,000円
英語	教室に魔法をかける！　英語ディベートの指導法 ―英語アクティブラーニング	加藤 心(著)	2,000円
音楽	子どもノリノリ歌唱授業　音楽+身体表現で“歌遊び”68選	飯田清美	2,200円
図画・美術	ドーンと入賞！”物語文の感想画”　描き方指導の裏ワザ２０	河田孝文(編・著)	2,200円
	絵画指導は酒井式パーフェクトガイド 丸わかりDVD付！酒井式描画指導の全手順・全スキル	酒井臣吾・根本正雄(著)	2,900円
	絵画指導は酒井式で！　パーフェクトガイド 酒井式描画指導法・新シナリオ、新技術、新指導法	酒井臣吾(著)	3,400円
体育	子供の命を守る泳力を保証する 先生と親の万能型水泳指導プログラム	鈴木智光(著)	2,000円
	全員達成！　魔法の立ち幅跳び 「探偵！ナイトスクープ」のドラマ再現	根本正雄(著)	2,000円
	世界に通用する伝統文化　体育指導技術 【全国学校図書館協議会選定図書】	根本正雄(著)	1,900円
算数・数学	数学で社会／自然と遊ぶ本	日本数学検定協会　中村 力(著)	1,500円
	早期教育・特別支援教育　本能式計算法	大江浩光(著)　押谷由夫(解説)	2,000円

2016年3月

学芸みらい社